THÉORIES DU BORDEL ÉCONOMIQUE

2007-2013

Des mêmes auteurs

Pierre-Henri de Menthon

Ces 200 familles qui possèdent la France, avec Éric Trécquier, Hachette Littératures, 2004.

Airy Routier

La République des loups, Calmann-Lévy, 1989.

Le flambeur, la vraie vie de Bernard Tapie, Grasset, 1994.

Forage en eaux profondes, les secrets de l'affaire Elf, Grasset, 1994.

Blanc comme Nègre, entretiens avec Omar Bongo, Grasset, 2001.

L'ange exterminateur, la vraie vie de Bernard Arnaud, Albin Michel, 2003.

L'arnaque, quand l'Amérique rackette la France, Albin Michel, 2004.

Le fils du serpent, vie et mort d'Edouard Stern, Albin Michel, 2005.

Le complot des paranos, Albin Michel, 2006.

La France sans permis, Albin Michel, 2007.

Le Phénix, le retour de Bernard Tapie, Fayard, 2008.

www.editions-jclattes.fr

Pierre-Henri de Menthon
Airy Routier

THÉORIES DU BORDEL ÉCONOMIQUE

2007-2013

JC Lattès

Maquette de couverture : Atelier Didier Thimonier

ISBN : 978-2-7096-3958-3

Première édition septembre 2013

À la mémoire de Christine Mital

Introduction

Si vous n'avez toujours pas compris comment et pourquoi nous sommes passés, en six ans, de l'euphorie à la dépression, si vous n'avez pas vu venir la crise et ne savez pas quand on en sortira – d'ailleurs, en sortira-t-on, et comment ? – ne culpabilisez pas trop. Pas de complexes : jusque dans le réfectoire des enseignants de la prestigieuse université de Chicago, véritable usine à prix Nobel, les professeurs d'économie les plus réputés du monde, pendant des mois, n'ont cessé de débattre, en vain, pour essayer de comprendre l'enchaînement des faits. On dit même qu'entre ceux qui croient toujours à « l'efficience des marchés », guidés par « la main invisible » chère au grand Adam Smith, et ceux qui la nient, entre les monétaristes purs, les comportementalistes, les tenants de la « paléo-économie », de la « neuro-économie » et quelques autres chapelles, on a parfois failli en venir aux mains.

Autant le dire d'emblée : quand vous aurez terminé ce livre, vous n'en saurez guère plus, tant sont contradictoires les explications, laborieuses ou brillantes, des uns et des autres, prix Nobel ou simples gourous, surfant sur la vague de l'angoisse collective, néomarxistes, néolibéraux, néo-keynésiens. Mais peut-être aurez-vous découvert les vrais enjeux, ainsi que les rapports de force entre les différentes écoles et les personnalités de chair et d'os qui les incarnent. Avec leurs grandes fulgurances et leurs petites faiblesses.

« Le gros de la crise est derrière nous », déclarait Christine Lagarde en août 2007, c'est-à-dire au moment même où elle commençait. Son excuse : étant ministre des Finances, il lui était difficile d'affoler le bon peuple, en annonçant des années de galère. D'où l'usage de la méthode Coué. Mais sans doute s'était-elle laissé emporter par son propre optimisme et celui de quelques experts de son entourage. Dans la même veine, on pense aussi à Patrick Artus, économiste en chef de Natixis et chroniqueur à *Challenges*, qui déclarait, en avril 2008 : « La crise est finie, les institutions financières américaines l'ont enrayée, nous sommes en train de sortir de la psychose du trou sans fond. » Et comment oublier Jacques Attali, essayiste reconnu qui, en novembre 2011, annonçait doctement que l'euro ne passerait pas le Noël suivant, sauf si les Européens mettaient immédiatement en œuvre la mutualisation de leurs dettes, en instaurant des obligations européennes (eurobonds). Deux Noël sont passés, il n'y a pas plus d'eurobond que de beurre en broche mais l'euro reste bien vivant et personne ne le voit plus éclater, en tous cas à moyen terme.

Les exemples de ce genre foisonnent. Les relever – beaucoup l'ont fait – est à la fois cruel et facile tant les erreurs de jugement sont inhérentes à la science économique. Surtout quand l'opinion prend ces experts, qui ne sont que des chercheurs avides de trouver et d'avoir raison, pour des oracles. Cela ne date pas d'hier : quelques jours avant la crise de 1929, Irving Fisher, l'un des économistes parmi les plus en vue de son temps, affirmait, statistiques et analyses savantes à l'appui, que « la valeur des actions avait atteint un plateau permanent ». En 1914, l'idole de la discipline, John Maynard Keynes lui-même, au terme d'une analyse économique rigoureuse, avait clairement expliqué que la guerre mondiale, qui venait d'être déclenchée, ne pourrait durer bien longtemps, « les États n'ayant pas les moyens de la financer ».

L'économie devrait être une école de modestie. Prenez Myron Scholes, qui a inventé, dans les années 1970, avec Fischer Black et Robert Merton, le plus célèbre des modèles mathématiques pour déterminer le prix des options et autres produits dérivés. Une innovation majeure primée par un Nobel[1], en 1997. Problème : l'année suivante, le fonds d'investissement Long Term Capital Management, que Scholes et Black avaient créé en s'appuyant sur leur modèle mathématique, est tombé en faillite, après une perte de 4,6 milliards de dollars ! Le modèle n'avait pas pris en compte les crises en Russie et en Asie et la Réserve fédérale avait dû intervenir massivement – déjà ! – pour éviter l'effondrement général.

Autre enseignement de cette histoire : le décalage abyssal entre les théories abstraites et le monde réel. « L'économie telle qu'elle est présentée dans les manuels et enseignée dans les salles de classe n'a pas grand-chose à voir avec la gestion des affaires et encore moins avec l'entrepreneuriat, écrit le Britannique Ronald Coase, en décembre 2012, dans la *Harvard Business Review* : au XXe siècle, la science économique est devenue une profession : les économistes

1. Formellement, le prix Nobel d'économie n'existe pas ; il s'agit, plus précisément, du « prix de la Banque royale de Suède en sciences économiques, décerné en mémoire d'Alfred Nobel ».

peuvent se permettre d'écrire exclusivement les uns pour les autres. Dans le même temps, la discipline a connu un changement de paradigme, en abandonnant la vraie économie comme sujet d'études. » Âgé de cent un ans, prix Nobel d'économie en 1991, Ronald Coase est un fanatique des entreprises, dont il a expliqué la nature et la fonction dans un article retentissant, publié en… 1927. La science économique a certainement des défauts, mais, dans son cas, elle conserve !

« La science économique a été inventée pour donner du crédit aux astrologues. » Cette boutade est souvent répétée, comme une manière d'exorcisme, par les économistes eux-mêmes. Mais elle recèle, à l'évidence, un fond de vérité. La crise aidant, s'ajoute aujourd'hui le soupçon de partialité et de manipulation. Aux États-Unis comme en France, on met en cause l'indépendance des économistes. Le film *Inside Job* de Charles Ferguson lève ces lièvres et nourrit, crise aidant, la suspicion sur les liens malsains entre les chercheurs et le monde des affaires. Sont-ils crédibles lorsqu'on ne sait pas qui les paye ? Un exemple français : les professeurs David Thesmar (HEC) et Augustin Landier (École d'économie de Toulouse) ont affirmé que l'arrivée de Free dans la téléphonie allait créer 30 000 emplois, grâce aux gains de pouvoir d'achat des consommateurs. Leur étude répondait à celle de Bruno

Deffains (Panthéon-Assas), qui évaluait à 55 000 les pertes d'emplois liées à l'arrivée de Free. Problème : l'étude favorable à Free a été payée par Free. « Free a acheté la réputation d'universitaires reconnus qui ont eu un comportement de mercenaires », commente Xavier Timbeau de l'OFCE.

Entre économistes, on sort désormais les couteaux. Suite à une plainte, les disques durs des ordinateurs de Bruno Deffains ont été fouillés par la police pour trouver la trace éventuelle d'un lien avec Bouygues, commanditaire présumé de son étude… Professeur à l'université de Lille, ancien leader d'Attac, Jean Gadrey cherche à dénoncer les conflits d'intérêts de ses collègues plus capés que lui. Il a particulièrement ciblé Christian de Boissieu (Panthéon-Sorbonne) longtemps président du Conseil d'analyse économique (CAE), composé d'une trentaine de membres bénévoles dont la mission est « d'éclairer les choix du gouvernement ». Outre ses fonctions à l'université, celui-ci travaillait aussi pour Rexecode – un centre de recherche proche du Medef –, présidait la Commission de contrôle des activités financières de Monaco, était administrateur ou conseiller de banques et de fonds d'investissement. Il était en outre le conférencier attitré d'une entreprise organisatrice de colloques. Autre cible : Jean-Hervé Lorenzi, président du Cercle des économistes, universitaire mais aussi économiste de la Compagnie financière Edmond de Rothschild, pour qui cette chasse aux sorcières a « le triste goût des écrits des années 1930 ».

Il reste que Christian de Boissieu a été remplacé par Agnès Bénassy-Quéré à la tête du CAE, dont les membres sont désormais tenus « de révéler leurs éventuels conflits d'intérêts en publiant toutes leurs activités rémunérées d'un montant supérieur à 5 000 euros par an ». Sont exclus sans attendre les salariés ou conseillers de banque, à l'exception de Patrick Artus (Natixis), Laurence Boone (Bank of America) et Jacques Cailloux (Nomura). Aussitôt, surgit la critique inverse : avec des conseillers éloignés du monde de la banque et de l'entreprise, le gouvernement Ayrault est, plus que jamais, coupé des réalités !

Les économistes, aujourd'hui, sont en plein désarroi. Que dire, alors, des dirigeants politiques ? Début 2012, alors que l'histoire hésitait, que plusieurs États étaient au bord de la faillite et l'Europe, en même temps que l'euro, menacée d'éclatement, on a vu l'ex-Premier ministre Jean-Pierre Raffarin parcourir les travées d'un meeting de l'UMP, à Marseille, et se vanter d'avoir fait plier Nicolas Sarkozy, en obtenant le retrait d'une augmentation de la TVA sur les parcs de loisirs, au nom de la France profonde, celle « qui ne prend pas de vacances ». Le sort du monde d'un côté, la politique ras des pâquerettes de l'autre : rarement les dirigeants se sont trouvés dans de telles contradictions, empêtrés dans une crise dont ils mesurent les risques mortels mais dont, pas plus en France, qu'en Allemagne, en Grande-Bretagne ou aux États-Unis, ils ne comprennent les causes et les ressorts. Dans le bleu, les dirigeants, mais aussi l'ensemble des médias, s'en remettent donc, plus que jamais, à des experts économiques ou prétendus tels. On y trouve de vrais visionnaires, des théoriciens, des idéologues mais aussi de véritables charlatans.

Sommés de prendre des décisions dans l'urgence, les dirigeants politiques ne savent plus à quel saint se vouer. Comme ils le font aujourd'hui en écoutant les néolibéraux, doivent-ils conduire des politiques d'austérité, plafonner puis réduire les déficits publics, au risque de tuer le malade en voulant le guérir ? Doivent-ils, au contraire, en écoutant les néokeynésiens, relancer la machine en utilisant tous les moyens d'intervention publique dont ils disposent ? Doivent-ils réduire les dépenses ou augmenter les impôts ? Peuvent-ils faire simultanément l'un et l'autre ? Suffit-il, comme ils l'affichent souvent, de faire payer les riches ? De quelles marges disposent-ils ?

Notre livre n'a pas pour ambition d'apporter des réponses à toutes ces questions. Si les sommités ne cachent plus leurs contradictions, si les Nobel se déchirent, comment oserions-nous ? Nous ne sommes pas des experts, juste des observateurs. Notre intention est bien plus modeste : aider à comprendre les grands enjeux économiques du moment, en braquant notre projecteur sur un certain nombre des personnalités qui ont marqué, depuis 2007, la communauté des économistes internationaux par leurs travaux. Les périodes de crise sont fécondes pour les intellectuels. Et il en va de la communauté internationale des économistes comme de la littérature à Saint-Germain des Prés. Un village avec ses écoles et ses chapelles, qui tout à la fois adule et exècre les grands maîtres du passé. Une communauté écrasée par les grandes écuries américaines (Chicago, Columbia, Princeton, Yale, Harvard, MIT...) avec ses courants à la mode (les néokeynésiens, les schumpétériens) et ses ringards (les monétaristes, les marxistes). Et, bien sûr, un grand prix annuel sujet à polémique décerné non pas dans un restaurant parisien, mais annoncé par l'austère Académie royale des sciences de Stockholm. L'explosion de la bulle du crédit aux États-Unis et tout ce qui a suivi aura au moins eu le mérite de secouer de la cave au grenier la maison des économistes. Elle est habitée par quelques milliers d'hommes – très peu de femmes – bardés de diplômes. Certains sont des stars devenus oracles, d'autres se cantonnent à des travaux académiques incompréhensibles. Tous sont des savants qui se soutiennent ou se récusent, se jaugent et se jalousent. En racontant comment les décisions se prennent, quand et dans quels cadres, où sont les vrais lieux de pouvoir, nous vous invitons à un petit voyage décapant, parfois décousu, au milieu des vaches sacrées de l'économie, qu'ils soient prix Nobel adulés, chercheurs pétris de bonne conscience, ou gourous au petit pied.

Sait-on, par exemple, que le centre du monde, le lieu où se prennent les grandes décisions, ne se situe ni dans les parlements nationaux, ni à l'ONU, ni à Bruxelles, Washington ou Pékin, ni même dans le grand barnum suisse de Davos, mais dans un trou perdu du Wisconsin, un État américain jusque-là connu pour son herbe verte, au pied des monts Tétons ? C'est là, à Jackson Hole (le trou de Jackson, cela ne s'invente pas) que chaque année au mois d'août, se réunissent en petit comité les grands argentiers de la planète, gouverneurs de banques centrales. C'est là qu'en 1990 fut géré, avec les banquiers venus de l'Est, l'éclatement de l'Union soviétique. Et c'est encore là, dix ans plus tard, que Ben Bernanke, le président de la Réserve fédérale (FED), s'est durement confronté, au cours d'un déjeuner mémorable, avec Jean-Claude Trichet, alors président de la Banque centrale européenne (BCE). L'Américain défendant alors sa politique d'injection massive d'argent en faisant fonctionner à toute vitesse la planche à dollars, tandis que le Français restait ancré sur ses conceptions classiques : la rigueur monétaire et budgétaire, l'obligation de réduire les déficits publics en passant par la baisse des dépenses publiques. Au risque d'enfoncer le monde dans l'austérité et la récession.

Sait-on encore que c'est à Londres, où il est enterré, que Karl Marx tente de retrouver une nouvelle jeunesse ? Dans le grand amphithéâtre de l'université Birkbeck, tout ce que l'Europe compte d'anciens maoïstes, communistes et aujourd'hui altermondialistes est venu, en mars 2009, célébrer le retour de la pensée marxiste, sous la haute autorité d'Alain Badiou, rescapé du maoïsme estudiantin des années 1960, et d'Antonio Negri, héros des « alters ». Qu'importe si le Français a déploré, jadis, la chute du régime des Khmers rouges et si le second a connu la prison pour sa proximité avec les Brigades rouges de sinistre mémoire ! Tous deux sont des modérés, à côté du Slovène Slavoj Zizek, coorganisateur de la conférence, dont le programme consiste à « castrer ceux qui sont au pouvoir ». C'est ce qu'on appelle un programme ciblé.

Nouriel Roubini est plus radical encore, du moins en paroles, s'agissant des banquiers : « Ce serait une bonne leçon pour les autres si l'un d'entre eux était pendu dans la rue. » Pas d'affolement, cependant : fils d'un marchand de tapis iranien, élevé en Italie, Roubini est une bête de colloque et un conférencier recherché, depuis qu'il a prévu et annoncé la crise des subprimes et la chute d'une grande banque, avant la faillite de Lehman Brothers. Aussitôt qualifié de « prophète », faisant payer ses prédictions au prix fort, il en a vite fait une rente de situation. Parce qu'il craint de la perdre, en quittant les feux de la rampe, il multiplie les provocations. Comme ses prédictions sur l'éclatement de l'euro ne font plus recette, il en rajoute.

Cette saillie a été prononcée en marge de la réunion d'Aix-en-Provence, où l'establishment économique parisien – grands patrons, économistes, journalistes – rejoint par quelques sommités internationales migre quelques jours, début juillet. On est là entre gens de bonne compagnie, dans une ville idyllique, en cette saison. On n'y prend pas de décisions, comme à Jackson Hole, mais il n'y a pas meilleur endroit pour renifler l'air du temps, humer les grandes tendances.

Quelles sont-elles, en 2013 ? La crise de l'euro a fini par lasser. Bercés ou agacés, depuis des mois, par l'euroscepticisme des élites mondiales, surtout anglo-saxonnes, les participants aux rencontres s'amusent des difficultés rencontrées par les hedge funds, qui ont parié sur un éclatement de la zone euro. Le principal fonds de John Paulson, idole de Wall Street, aurait ainsi perdu plus de 60 % depuis 2010, selon le *Financial Times*. Les spéculateurs, vendeurs à découvert sur l'euro ou sur les obligations espagnoles, italiennes, portugaises ou grecques ont été gravement pris à revers par Mario Draghi, président de la BCE qui, succédant à Jean-Claude Trichet, a montré sa détermination à utiliser tous les moyens, même hétérodoxes, pour sauver l'euro. Depuis juillet 2012, les signes de normalisation se multiplient, inversant la tendance des marchés.

À Aix, même l'hypothétique sortie de la Grèce de l'euro, le « Grexit », ne fait plus recette. C'est le « Chindown », la chute programmée de la Chine, jusque-là moteur de l'économie mondiale, qui est à la mode. Le coup de poignard est donné par le Japonais Masahiko Aoki, professeur à Stanford, pour qui le ralentissement du rythme de croissance serait une vraie catastrophe pour l'économie mondiale et pourrait provoquer une grave crise sociale interne. Rien à voir avec les rodomontades des économistes officiels chinois à Dalian, où se tenait en septembre 2011 l'édition asiatique du Forum de Davos, en présence de l'ex-Premier ministre britannique Gordon Brown. À Dalian, on vantait la force du modèle chinois face à un Occident en détresse. À Aix-en-Provence, on soulignait que l'objectif de la

Chine de peser un jour 30 % du PIB mondial – le pourcentage qu'elle avait en… 1820 – n'était pas hors de portée mais on se rassurait en écoutant Masahiko Aoki, pour qui « l'Occident n'a pas dit son dernier mot ».

Là-bas, comme dans les autres lieux d'observation et de pouvoir, ce qui nous a frappés, en survolant les tendances du moment, c'est l'énorme décalage entre les politiques, plus ou moins libérales, conduites dans la plupart des pays, et la réhabilitation, dans la plupart des universités, du rôle de l'État-providence, sous diverses formes. Après trente ans de néolibéralisme sous l'égide de l'école de Chicago et de Milton Friedman, le balancier revient brutalement du côté de l'interventionnisme public, poussé par les deux prix Nobel néokeynésiens Paul Krugman et Joseph Stiglitz. « Il n'y aura jamais de réponse du marché aux enjeux de la scolarisation ou de la santé préventive », constate Esther Duflo, l'ancienne Éclaireuse de France qui, désormais au MIT, étudie en détail les moyens de lutter contre la pauvreté. Krugman et Stiglitz mettent chaque jour en pièces les néolibéraux et prônent la relance par l'intervention publique. Derrière eux, il y a foule. « Le marché libre, ça n'existe pas », affirme Ha-Joon Chang. Ce professeur d'économie à l'université de Cambridge, figure montante de l'économie anglo-saxonne, ose écrire ce qui eût été impensable il y a quelques années, notamment : « Il ne faut pas gérer les entreprises dans l'intérêt des actionnaires. » Chang tord aussi le cou à un dogme néolibéral : « Enrichir les riches, assure-t-il, n'enrichit pas les autres. »

De fait, désormais, plus personne, parmi les nouveaux économistes, ne croit à « l'économie du ruissellement[1] » en vertu de laquelle l'enrichissement des plus nantis bénéficie, par ondes successives, à l'ensemble de la population. De nombreuses statistiques ont démontré qu'il s'agissait d'un mythe. Mythe envolé, également, que celui de l'ascenseur social, aussi bien en Europe qu'aux États-Unis. Joseph Stiglitz, entre autres, a démontré, sur longue période, l'appauvrissement d'une génération à l'autre et la fin de l'égalité des chances : celui qui est né en bas de l'échelle a toutes les chances de le rester ; celui qui est né coiffé le demeure.

La crise de 1929 a entraîné, aux États-Unis comme en Europe, des politiques d'austérité qui, elles-mêmes, ont provoqué la montée des extrémistes et in fine, la guerre, comme l'a démontré Stiglitz. Mais elle a aussi conduit à la mise en place d'un nouveau pacte social, où l'État a joué un rôle central en termes de financement, d'initiative et de régulation. À la fin des trente

1. *Trickle down economy.*

glorieuses, cette période s'est achevée avec l'émergence du néolibéralisme, conceptualisé à Chicago par Milton Friedman, et appliqué aux États-Unis par Ronald Reagan et en Grande-Bretagne par Margaret Thatcher.

Mêmes causes, mêmes effets ? Assistons-nous à un retour à la case départ ? S'il arrive à l'histoire de bégayer, elle ne se répète jamais. Car l'expérience est là. D'ores et déjà, la gestion par les États de la crise a été bien plus efficace qu'il y a quatre-vingts ans. Largement grâce aux économistes qui ont tiré les leçons des échecs passés. On peut les moquer, mais que de travail, que d'intelligence, de bonne volonté, pour éviter le pire ! Et que d'efforts pour comprendre et modéliser les phénomènes qui influencent notre vie courante et expliquent aujourd'hui, entre autres, le chômage de masse, le retour de la pauvreté dans les pays développés et son recul dans le reste du monde !

Au-delà des sarcasmes dont ils peuvent légitimement être l'objet, les économistes ont beaucoup fait avancer leur science, loin des idéologies, dans des domaines jusque-là inexplorés. En particulier les comportementalistes, capables d'élaborer toute une théorie sur les « biais » en faisant perturber une partie de basket par un singe facétieux. Ou en jetant les bases de la « paléo-économie », en comparant les comportements humains à ceux des macaques du Japon. Ou encore en inventant la « neuroéconomie », dès lors que les « tempêtes hormonales » dans le crâne des traders peuvent dérégler les marchés… S'il suffisait d'un peu moins de testostérone !

1. Daniel Kahneman, le psychologue qui a fait exploser la science économique

Jeudi 10 novembre 2011, au petit matin : départ pour Lyon, où des milliers de passionnés, pour la quatrième année consécutive, vont assister aux journées de l'économie, les « Jeco ». On critique suffisamment l'inculture des Français en la matière pour ne pas se joindre à cette initiative de Pascal Le Merrer, professeur à l'École normale supérieure. Au sortir du TGV, on se retrouve donc salle Rameau, sur une estrade, avec la rude tâche d'animer et d'arbitrer une joute entre trois experts, Paul Seabright (École d'économie de Toulouse), Olivier Oullier (université de Provence) et Marie-Claire Villeval (CNRS). Le thème de la table ronde : « En quoi l'économie comportementale peut-elle faire le bonheur des citoyens ? » À l'aube, pendant les deux heures de trajet depuis Paris, on s'est rafraîchi la mémoire en lisant quelques notes sur les travaux du prix Nobel Daniel Kahneman, pionnier de cette discipline parfois contestée parce qu'elle mêle l'économie et la psychologie, afin d'expliquer le comportement des consommateurs et des investisseurs. Un sondage commandé pour l'occasion au Crédoc par l'Autorité des marchés financiers nous confirme déjà – il s'agit du postulat des comportementalistes – que l'homo economicus est irrationnel. Le Français tout particulièrement. D'abord il ne sait pas compter : seule une personne interrogée sur deux a compris que 100 euros placés au taux annuel de 2 % donnent 102 euros au bout d'un an. Ensuite, parce qu'il est menteur et prétentieux : à 78 %, les personnes du même panel estiment être « à l'aise en calcul ». Bonjour la frime ! Dans le jargon comportementaliste, il s'agit d'un biais, en l'occurrence un biais d'optimisme. Comment imaginer qu'un agent économique puisse avoir un comportement rationnel – ce qui est la base de la théorie classique – alors qu'il ne sait ni compter, ni s'évaluer correctement ?

Marie-Claire Villeval détend rapidement l'atmosphère dans la salle Rameau. Elle nous propose un petit jeu. On va visionner quelques minutes d'un match de basket et il faudra compter le nombre de passes entre les joueurs habillés en blanc. La vidéo débute et toute l'assistance se concentre. Comme les sportifs sont nombreux et les mouvements qu'ils effectuent très rapides, compter les passes n'est pas si évident. Au bout de quelques minutes, le film s'arrête. On s'apprête à comparer le nombre de passes que chacun a calculé. Mais Marie-Claire Villeval nous demande, au préalable, si l'on n'a pas observé quelque chose de bizarre. Silence. Aussitôt, on nous repasse la scène. Cette fois, l'esprit débarrassé de la proposition de base (calculer le nombre de passes), chacun voit ce qui aurait pourtant dû crever les yeux : un facétieux déguisé en singe qui traverse le terrain de basket. Pour les adeptes de Daniel Kahneman, il s'agit, on l'a compris, d'un biais. Pas un biais d'optimisme, mais d'attention ; tant la tâche demandée est complexe, le ballon circule dans tous les sens et occupe tout le cerveau. Les comportementalistes Daniel Simons et Christopher Chabris ont réalisé cette vidéo du gorille basketteur en 1999, pour prouver qu'en embrouillant son public, on pouvait faire passer discrètement l'essentiel, une technique bien connue des magiciens et des communicants.

Le public de la salle Rameau est ensuite soumis au biais d'habitude. Le test, cette fois, est basé sur une série de diapositives. Quelle est la couleur des lettres ? Entourés d'agrégés en économie, nous voici ramenés au niveau de première section de classe maternelle. Il est écrit « jaune » en lettres jaunes, et tout le monde annonce : « Jaune ! » Puis bleu en bleu. Rouge en rouge. Vert en vert. Noir en noir. Jaune en rouge. Jaune en rouge ? Hé hé ! La majeure partie de l'assistance a, bien sûr, lu et dit « jaune », alors que suivant l'instruction initiale, il fallait dire « rouge ». On s'est tous fait piéger !

Théorisées, à partir de la fin des années 1970, dans les universités américaines, ces expériences comportementales montrent nos limites cognitives. S'ensuit toute une théorie basée sur le fait que les agents économiques ne sont pas rationnels, mais émotionnels. Gary Becker, à l'université de Chicago, se demande pourquoi les gens qui donnent leurs reins n'accepteraient pas de les vendre. Il travaille sur le capital humain, étudie le comportement des criminels. L'un des points forts de ce courant de pensée, c'est la provocation. Le grand moment arrive en 2002, avec le Nobel d'économie pour Daniel Kahneman. Celui-ci revendique haut et fort le fait de n'être qu'un psychologue et de n'avoir jamais suivi, de sa vie, un cours d'économie ! La discipline deviendra vraiment médiatisée lors de la campagne d'Obama en 2008. Le candidat démocrate s'est en effet entouré d'une équipe d'une trentaine de « comportementalistes », pour l'essentiel issus de l'université de Chicago. Il s'agit, pour gagner, de faire du *nudge* (donner des coups de pouce), titre de la bible des comportementalistes publiée, toujours en 2008, par Richard Thaler et Cass Sunstein. Ce dernier est même devenu administrateur de la White House Office of Information and Regulotary Affairs, l'une des clés de voûte de l'appareil fédéral américain. Juste retour des choses tant Sunstein et les nouveaux Chicago boys ont livré au candidat des *nudges* efficaces. Exemple : Obama doit donner l'envie d'aller aux urnes à ceux qui ne votent généralement pas, notamment au sein des minorités ethniques. Alors on fait un gros *nudge* malin, on joue de la limite cognitive des Américains. On laisse entendre partout que la participation à l'élection sera record. Et ça marche ! La participation sera effectivement record et Obama sera élu.

Entre de mauvaises mains, ce genre de méthodes peuvent conduire à tous les excès, mais comme la plupart des comportementalistes américains sont des universitaires bien pensants, elles sont, en général, utilisées pour la bonne cause. Ainsi des campagnes de prévention contre le tabac ou l'obésité qui sont, par exemple, truffées de *nudges*. Tout comme celles pour les économies d'énergies. Un bon *nudge* ? Joindre à la facture d'électricité des statistiques sur la consommation du voisinage, pour savoir si on dépense plus ou moins, si l'on est un bon ou un mauvais citoyen.

On nage dans notre nuage *nudge* quand le professeur Paul Seabright, avec sa veste rose et son humour british et corrosif, nous ramène à la réalité. Le voilà qui parle de « manipulations », de « stalinisme soft » et dénonce cette pensée selon laquelle nous, humains, ne sommes que de pauvres ordinateurs défaillants que l'on peut piloter à distance. Alors, professeur Seabright, qui sommes-nous ? De grands singes malins. C'est la dernière tendance. La paléo-économie. Pour connaître l'homo economicus il faut connaître l'homo sapiens. Il fallait y penser. Et les découvertes en ce domaine sont majeures. Christopher Boehm dans *Hierarchy in the forest* a ainsi démontré scientifiquement que l'un des comportements qui distinguaient nos ancêtres des animaux était que le chef n'était pas toujours le plus fort. Une belle définition, en creux, de l'intelligence humaine. De quoi ne pas désespérer de nos limites cognitives.

De retour de Lyon, intrigués par ces histoires d'agents économiques réduits à des primates, rendez-vous est pris au Café de Flore avec Pascal Picq, qui enseigne au Collège de France. Ce néodarwinien de renom connaît bien les milieux économiques. Il anime depuis des années des séminaires de cadres et de patrons et vient de publier *Un paléoanthropologue dans l'entreprise. S'adapter et innover pour survivre.* Pour lui, la société française peut se rapprocher de celle des macaques du Japon. Les dominants passent leur temps dans des sources d'eau chaude ou sur les plages à déguster les grains de blé et des patates douces qu'on leur livre. Les dominés, eux, doivent faire preuve d'imagination, en apprenant par exemple à nettoyer et trier leurs aliments. La hiérarchie établie perdure, mais, après cinq générations, les dominés – devenus plus malins et innovants – ont les meilleures chances de prendre le pouvoir, pour, à leur tour, régresser en se la coulant douce... À l'inverse, les chimpanzés de Côte d'Ivoire se mettent à l'abri des révolutions par une solidarité reposant sur la compétence de chacun. Les dominants acceptent même que les meilleurs chasseurs se gardent les meilleurs morceaux : les yeux et la cervelle. Une vraie reconnaissance. On demande à Picq si ses travaux intéressent les économistes, s'il connaît les comportementalistes en général et Daniel Kahneman en particulier. Nenni. Le temps de Darwin, de Durkheim et des Pic de la Mirandole, touche à tout de génie, est révolu. Dans les sciences humaines, aujourd'hui, chacun reste dans sa case. Et pourtant, selon Picq, les sciences économiques devraient s'intéresser à Charles Darwin, histoire de comprendre pourquoi les crises sont un processus naturel et prévisible. On met aussitôt en contact Picq et Seabright, en espérant avoir contribué modestement à l'interdisciplinarité des sciences humaines et au développement de la paléo-économie.

On a bon espoir de les voir s'éclairer réciproquement, tant nos amis comportementalistes sont œcuméniques. Jean Tirole, présenté comme un des possibles futur prix Nobel français, dirige l'École économique de Toulouse. Le 21 de ce même mois de novembre 2011, dans un brillant topo à l'Académie des sciences morales et politiques, il explique que, depuis le XXe siècle, les économistes ont développé leurs propres outils en délaissant les autres sciences sociales et que, grâce au comportementalisme, ils sont à nouveau ancrés dans le monde réel. Fini les équations mathématiques compliquées, les modèles en circuit fermé : Jean Tirole et les adeptes de Daniel Kahneman ont ouvert les fenêtres. Les ponts avec les paléoanthropologues ne sont peut-être pas encore établis malgré le gorille invisible de Daniel Simons, mais l'économie est désormais imprégnée d'histoire, de sociologie, de démographie, de psychologie. Elle est devenue, selon l'expression du prix Nobel George Stigler, comparse de Milton Friedman à Chicago, une « science impérialiste ».

Le troisième intervenant à la table ronde de la salle Rameau, Olivier Oullier, est justement un adepte du grand écart scientifique. Son fonds de commerce est l'application de la neurologie à la science économique, une discipline baptisée neuro-économie. Habitué du Forum de Davos et du Conseil d'analyse stratégique, un organisme qui dépend de Matignon, le jeune universitaire aux airs de playboy nous indique d'entrée qu'il « n'a rien à faire des agents économiques et ne s'intéresse qu'aux humains ». Aux traders par exemple ? Alors que son intervention dérive sur les *nudges* destinés aux obèses américains ou aux contribuables britanniques – le Chancelier de l'Échiquier George Osborne est un fan des comportementalistes –, on décide de rebrancher le débat sur la préoccupation du moment : la crise financière. Eh bien, Oullier, qui a livré en juillet 2010, au *New York Times*, une explication neuro-économique aux problèmes de la Grèce, nous affirme que la crise fait avancer sa discipline.

Fondée en 2003 par Paul Glimcher, la neuro-économie vient même d'être pour la première fois expérimentée in vivo : John Coates, un ancien trader de Goldman Sachs, s'est lancé, avec le concours de l'université de Cambridge, dans l'étude des hormones de ses anciens collègues. Il a demandé à dix-sept traders de la City de leur donner un échantillon de leur salive le matin et le soir des séances de marché agitées par la publication d'importantes statistiques économiques. Parallèlement, il a consulté les performances boursières de chacun de ces professionnels. Les jours où les traders avaient la concentration de testostérone la plus élevée étaient ceux où ils obtenaient les meilleurs résultats. Leur concentration en cortisol, une autre hormone, grimpait aussi lorsque le degré d'incertitude, dû à la volatilité des marchés, était important. Une conséquence du stress. Plusieurs conclusions : d'abord, les « tempêtes hormonales » peuvent entraîner des troubles du comportement des traders, voire du marché tout entier. Auditionné par l'Assemblée nationale sur les causes de la crise financière, Olivier Oullier a ainsi cité le cas du trader Jérôme Kerviel, qui a fait perdre près de 5 milliards d'euros à la Société Générale, comme un exemple de comportement individuel « pouvant déstabiliser tout un marché ». C'est aussi une manière de tempête hormonale, chez Richard Fuld, qui pourrait expliquer la chute de la maison qu'il dirigeait : Lehman Brothers. De là à ponctionner ou injecter des hormones à petites ou fortes doses aux traders et patrons de banques d'investissement pour résoudre la crise, il n'y a qu'un pas. Nos experts refusent, bien sûr, de le franchir, mais pour combien de temps ? Les comportementalistes ou neuro-économistes qui militent pour la vente d'organes ou la création d'un marché du mariage ont encore quelques limites éthiques...

Devant l'Académie des sciences morales, Jean Tirole s'est d'ailleurs longuement étendu sur ces tabous. On n'en est donc pas encore à bidouiller le cortex des traders avec une sauce aux hormones pour empêcher les krachs. Mais l'avancée de la neuro-économie peut, au moins, permettre de mieux « profiler » les salles de marchés. Olivier Oullier, avec qui nous continuons la conversation, une fois la table ronde achevée, nous confie qu'il participe à la formation et à la sélection de traders pour plusieurs établissements financiers, selon des programmes inspirés de ceux en vigueur pour les astronautes de la Nasa. Le B.A. BA de la finance comportementale appliquée est de diversifier les actifs financiers dans les portefeuilles, mais aussi les populations qui ont la capacité d'agir sur les marchés. Pour John Coates : « Les emballements boursiers seraient probablement réduits si le profil endocrinien des traders était plus diversifié : des hommes d'âge mûr et des femmes, moins soumis à de forts écarts en testostérone, pourraient avantageusement faire ce métier. » Mickaël Mangot, chercheur à l'ESSEC et jeune prodige de l'école française de la finance comportementale, confirme que l'homogénéité de la population des traders, qui sont généralement de jeunes hommes, entraîne une convergence comportementale, une surestimation des performances. Bref, un terreau favorable à la création de bulles spéculatives, de formes d'exubérances irrationnelles.

Les comportementalistes, qui font leur miel de l'irrationalité des agents économiques, étaient les mieux placés pour prédire la crise. Dans un best-seller publié en 2000, tout en haut de la bulle Internet, Robert Shiller parle « d'exubérance irrationnelle ». Cette expression avait été popularisée par Alan Greenspan, le président de la Réserve fédérale des États-Unis, dès décembre 1996. Mais alors que Shiller publiait en 2005 une nouvelle édition de son *Exubérance irrationnelle* en y injectant des chapitres alarmants sur l'immobilier, le grand Greenspan, icône surévaluée des marchés, n'a rien vu venir. Auditionné par le Congrès, il en a fait l'aveu de façon désarmante en admettant qu'il n'avait pas assez prôné la régulation des marchés et qu'il avait sous-estimé l'irrationalité de ses acteurs. Car Alan Greenspan, jusqu'à la fin de son règne, en 2006, a baigné dans le mainsteam, la pensée dominante sur laquelle s'appuyaient la plupart des travaux des théoriciens de la finance. Le modèle, mis en place à partir de la théorie classique d'Adam Smith, estime que la « main invisible des marchés » existe bel et bien et que ceux-ci sont efficients. Dans le jargon des universitaires et des cellules de recherche et développement des grandes institutions de Wall Street, cela s'appelle le TEM/MEDAF, pour Théorie de l'efficience informationnelle des marchés et Modèle d'évaluation des actifs financiers. Tout le travail des comportementalistes, à partir des années 1980, sera de relever les anomalies du TEM/MEDAF, de les décortiquer et de les expliquer par leurs fameux « biais ».

Avant la crise des subprimes de 2007, Robert Shiller et Karl Case publient une étude sur le comportement irrationnel des acheteurs de biens immobiliers en Californie. Ils étaient atteints d'un inquiétant « biais d'optimisme » : l'augmentation médiane des prix à laquelle ils s'attendaient au cours de la décennie à venir était de 9 % par an ! Un tiers des personnes interrogées pensaient même que l'augmentation annuelle serait beaucoup plus élevée... « Ce fol optimisme était fondé sur deux facteurs : des augmentations de prix remarquables aux cours du passé récent et l'optimisme apparent, et contagieux, des autres », expliquent Richard Thaler et Cass Sunstein dans une postface de *Nudge*, écrite après le déclenchement de la crise immobilière en Californie, qui entraînera un krach général qui sera fatal à Lehman Brothers puis aux finances publiques de la Grèce, puis de la plupart des pays développés.

Dès le début des années 1990, Robert Shiller et Richard Thaler ont créé, au sein du National Bureau of Economic Research, l'un des plus prestigieux think tank des États-Unis, un séminaire semestriel sur la finance comportementale. Le succès est tel que l'affaire se révèle un bon business. Car Richard Thaler, le sympathique apôtre des *nudges*, théoricien de la troisième voie et du paternalisme libertaire, n'est pas un indigné de Wall Street : il est associé au sein de Fuller & Thaler Asset Management, qui gère plus d'un milliard de dollars d'actifs. La stratégie, expliquée en page d'accueil du site de ce fonds d'investissement, est simple : « Les investisseurs font des erreurs mentales qui conduisent à des anomalies, notre objectif est de tirer parti de notre connaissance du comportement humain pour repérer les titres concernés par ces phénomènes afin d'en tirer le meilleur profit. »

Quant à Robert Shiller il a créé, avec son complice Karl Case, un indice immobilier qu'il a revendu à Standard and Poor's. En 2009, le professeur de Yale est devenu, pour de bon, le nouveau gourou de Wall Street en cosignant, avec le prix Nobel d'économie George Akerlof *Les esprits animaux, comment les forces psychologiques mènent la finance et l'économie.* C'est la nouvelle martingale. Avec la crise, toutes les grandes maisons ont rangé leurs modèles mathématiques TEM/

MEDAF pour découvrir les biais, les limites cognitives, l'importance des émotions. Dans un argumentaire servi par JP Morgan à ses grands clients internationaux, on peut lire : « Nous considérons que les marchés sont inefficaces et supposons que le comportement irrationnel des investisseurs peut être exploité pour réaliser des bénéfices. Ainsi sommes-nous en mesure d'aider nos clients à tirer parti des anomalies de cours découlant des décisions maladroites des acteurs du marché. »

La vieille école de Chicago, celle d'Eugène Fama, le père de l'efficience des marchés, et de son disciple John Cochrane est étrillée en janvier 2010 dans les colonnes du *New Yorker* par Richard Thaler : « Le problème du modèle rationnel de Cochrane, c'est qu'il est 100 % flexible, et un modèle à 100 % flexible n'est pas un modèle. » Mais Cochrane fait de la résistance en clamant que les marchés seraient inefficients... s'ils ne crashaient pas de temps en temps. Aux lecteurs des *Échos*, il donne l'explication suivante : « On vous a promis des marchés efficients, pas des marchés clairvoyants. L'efficience, c'est l'incorporation de toute l'info disponible aujourd'hui, pas celle de demain, sinon ce serait des marchés de voyance. En revanche, quand il devint clair qu'il y avait une crise bancaire et qu'on entrait en récession, alors les marchés sont tombés très vite. Ils ont fait exactement ce qu'ils sont censés faire : incorporer très vite l'information qu'on allait au-devant de problèmes. Si les marchés n'ont pas vu venir le krach c'est que personne ne le voyait venir. »

On l'a compris, avec la crise financière, les économistes se déchirent à propos de la rationalité des agents. Thaler explique que pendant les six premiers mois, dans le réfectoire des professeurs de l'université de Chicago, on ne cessait de débattre pour essayer de comprendre ce qui s'était passé. Car à Chicago, antre des monétaristes, des efficients et aujourd'hui des comportementalistes, les économistes les plus réputés du monde n'ont rien vu venir. Pour Raghuram Rajan, l'un des professeurs de cette université, « ni les économistes comportementaux, pour qui l'efficience du marché est une blague, ni les progressistes, qui se méfient de l'économie de marché, n'ont pu prévoir la crise ». Suprême humiliation pour les cerveaux de Chicago. Robert Shiller, le seul à avoir vraiment tiré la sonnette d'alarme en utilisant les outils des comportementalistes, enseigne à Yale. Comment l'université de Chicago, l'usine à Nobel d'économie, s'est-elle trouvée atteinte d'une telle cécité ? Pourquoi un tel aveuglement collectif des élites économiques et financières ?

Pour répondre à cette question, notre ami Paul Seabright et ses collègues de l'École d'économie de Toulouse, ont réuni en septembre 2011 dans l'ancienne manufacture des tabacs de la ville rose le banc et l'arrière-banc des comportementalistes et des neuro-économistes. Le séminaire de recherche a été baptisé avec humour : « Quand la main invisible rencontre le gorille invisible. »

Comme il est de coutume chez les comportementalistes, on éteint d'abord la lumière pour se passer un petit clip. Paul Seabright a fait une nouvelle trouvaille qui illustre parfaitement le biais d'aveuglement qui a semblé affecter les économistes face à la crise. Il s'agit d'une vidéo réalisée par son collègue Kevin O'Regan, de l'institut de neurosciences de l'université Paris-Descartes. Nous sommes, de nuit, à l'approche d'une piste d'atterrissage, aux commandes d'un avion de ligne. Concentrés à fond sur la procédure à suivre, nous ne pouvons éviter le crash fatal. Tout était pourtant sous contrôle. Chaque étape de la procédure a été scrupuleusement suivie. Sauf qu'un imprévu est arrivé. Un autre avion, qui n'avait rien à faire là, a traversé la piste au mauvais moment. Nous avions techniquement la possibilité de l'éviter. Mais le problème est que notre cerveau était trop absorbé. Nous ne l'avons pas vu. Comme nous n'avions pas vu le gorille invisible de Daniel Simons. Le pire est que 80 % des pilotes chevronnés qui se sont prêtés à l'expérience de Kevin O'Regan – dans une cabine de simulation bien sûr ! – n'ont pas vu l'intrus sur la piste. Un biais classique d'aveuglement non intentionnel que connaissent bien les spécialistes de la sécurité aérienne. Eh bien, la crise des subprimes, la déconfiture de Lehman Brothers, l'état déplorable des finances publiques grecques sont des obstacles que les économistes n'ont pas vus venir. Absorbés par leurs *nudges* sur l'obésité ou les dons d'organes, les crânes d'œufs de l'université de Chicago, enfermés dans leurs laboratoires, se sont crashés. Tout comme leurs ennemis, les efficients et leur grand homme, Alan Greenspan. À l'issue du séminaire de Toulouse, on en est venu à se demander s'il ne fallait pas scruter le cerveau et les hormones non seulement des traders, mais aussi des économistes.

C'est aussi la réponse à la reine d'Angleterre qu'a apportée la London Business School. Elisabeth II, avec son solide bon sens, avait demandé en novembre 2008, en plein krach, au directeur du prestigieux établissement britannique, à qui elle rendait visite, pourquoi les économistes n'avaient rien vu venir. Un peu décontenancé, Luis Garicano, un ancien de Chicago, avait montré à la souveraine une série de graphiques abscons sur le phénomène du *credit crunch,* en s'embrouillant un peu dans ses explications. Garicano a ensuite prié un groupe d'économistes de l'établissement de bien vouloir plancher sur le sujet pour répondre formellement à la reine. Il fallut plusieurs mois pour consulter les universitaires mais aussi les experts de la City et de la Banque d'Angleterre. Et la réponse arriva, sous la forme d'une lettre de trois pages très argumentée. « Chacun pensait bien faire son travail et mériter sa rémunération et, selon les standards établis, ils le faisaient effectivement bien. En résumé, votre Majesté, la défaillance fut la faillite du discernement collectif d'une communauté de gens brillants, incapable de comprendre les risques du système dans son ensemble. » Ce que Garicano, un habitué des séminaires de Toulouse, résume d'une façon encore plus percutante : « Ils étaient tous bien payés à faire des choses néfastes d'un point de vue collectif. »

Une sorte de biais comportemental géant des économistes et acteurs de la finance serait donc à l'origine de la catastrophe. Pour l'éviter, le bon sens voudrait qu'on repère au sein de cette communauté les leaders d'opinion, les meneurs ; afin de pouvoir étudier leurs comportements. Faute d'injecter des hormones ou d'explorer leur cortex, on pourrait au moins alors revoir leur système de rémunération, leur mode de sélection, expliquent les experts de la London School of Economics à la souveraine. Une forme de retour aux sources du comportementalisme.

Pour bien comprendre le fondement de cette pensée qui révolutionna l'économie, il faut revenir aux années 1950 et au programme inventé par Daniel Kahneman qui n'était alors qu'un jeune lieutenant de l'armée israélienne. Afin d'éviter une déroute en cas de coup dur, il avait pour mission d'identifier les soldats les plus solides, les plus équilibrés, voire ceux qui auraient suffisamment de ressources psychologiques pour mener une contre-offensive. L'expérience, inspirée de techniques utilisées par l'armée britannique pendant la Seconde Guerre mondiale, consistait à réunir un groupe de combattants en leur enlevant tous les signes distinctifs de grades ou d'appartenance à telle ou telle unité. On les confrontait alors à une série d'épreuves physiques et psychologiques stressantes afin d'observer le comportement de chacun face à l'adversité. Bien rodé, le test était ensuite confronté aux rapports établis par l'armée sur chacun des protagonistes, afin de pouvoir sélectionner les plus aptes à devenir officier. Mais les expériences de Daniel Kahneman n'étaient pas concluantes. Ceux qui réussissaient ses tests se révélaient trop souvent mauvais sur le terrain, dans la vraie vie militaire. C'est alors que Kahneman se mit à explorer le premier de ses biais comportementaux. C'est « l'illusion du bien-fondé » : celui qui passe la sélection et qui, rationnellement, devrait être le plus à même de faire le job, est rarement le meilleur. En compagnie de jeunes femmes très diplômées, le chercheur israélien repense ses tests. Il les accompagne d'entretiens individualisés. Là encore, c'est un flop. Le résultat des entretiens et les rapports provenant ensuite des unités dans lesquelles les soldats sont affectés ne correspondent pas.

D'autres auraient jeté l'éponge et changé de métier. Kahneman s'accroche et revoit entièrement le questionnaire en prenant en compte un certain nombre de biais comportementaux qu'il a repérés, grâce à un modèle statistique de son invention. Cette fois, ça marche ! En mixant les sciences psychologiques et statistiques, Daniel Kahneman vient de jeter les bases du comportementalisme. Parti étudier à Berkeley, il poursuit ses expériences pour le compte de l'US Air Force. Il démontre alors qu'il vaut mieux utiliser la méthode douce que la crainte de la sanction pour obtenir le meilleur des aspirants officiers. Après les biais, ce sont les *nugdes*, autre fondement de l'économie comportementale, qu'il conceptualise. Le lien avec la neuroscience est également établi par Kahneman, qui planche sur les phénomènes de dilatation des pupilles et d'acuité visuelle en période de stress. Après sa rencontre avec Amos Tversky, Kahneman sort de l'anonymat et se met à publier. Les deux hommes sont complémentaires, l'un travaille le jour, l'autre la nuit. Surtout, Tversky apporte au comportementalisme naissant le sens de l'humour. Les petits clips rigolos ou encore le phénomène *freakeconomics*, ce best-seller absolu, publié en 2005 par Steven Levitt, de l'université de Chicago, sont un héritage direct de Tversky. On peut s'amuser en faisant progresser la science. Comme le marxisme en son temps, le comportementaliste est révolutionnaire. À une différence près : il cultive le sens de l'humour. En 1974, le duo Kahneman-Tversky tient la vedette dans le monde académique, bien au-delà du petit cercle des étudiants en psychologie. Dans un article publié par la prestigieuse revue *Science*, le duo expose ses recherches sur les biais en démontrant que les esprits réputés les plus brillants sont souvent ceux qui ont de mauvaises intuitions et prennent des décisions catastrophiques. Une remise en cause de l'efficience et de la rationalité des élites qui provoque une belle polémique. Pour un peu, on croirait lire la réponse à la reine de la London School of Economics, à propos des raisons de l'aveuglement collectif face à la crise… Les deux compères s'attaquent d'ailleurs – toujours dans les années 1970 – aux théories de marché. Ils y introduisent leurs biais et se demandent, par exemple, pourquoi on préférera toujours l'assurance de limiter ses pertes plutôt que ses gains. Pendant trois ans Kahneman et Tversky peaufinent une théorie de la valeur qu'ils publient en 1979 dans la plus prestigieuse des revues économiques américaines, *Econometrica*.

C'est l'époque de la rencontre, à Stanford, avec Richard Thaler, un jeune économiste iconoclaste qui, avec Colin Camerer et George Loewenstein, se pose pas mal de questions sur la rationalité des agents économiques. Pourquoi les fans de basket acceptent-ils d'affronter le blizzard et faire des kilomètres sur des routes verglacées pour aller assister à un match alors qu'ils pourraient le voir tranquillement à la télévision sans prendre le moindre risque ? On fait tourner la question en laboratoire avec un panel et la réponse fuse : parce que nous avons payé notre billet ! Pour quelques dollars et pas par passion du sport, l'homo economicus accepte de prendre des risques insensés. Voilà qui n'est guère rationnel. Cette technique s'attache à résoudre une minuscule énigme pour comprendre le monde. En réintroduisant la complexité de l'homme et sa capacité à surprendre, à déjouer les anticipations rationnelles, les comportementalistes ont ouvert une nouvelle voie dans la micro-économie.

L'illustration la plus saisissante est, là encore, signée Daniel Kahneman. Dans sa notice autobiographique pour le Nobel, il raconte l'un de ses souvenirs d'enfance, en France, qu'il quittera à l'âge de 12 ans. « C'était fin 1941 ou début 1942, les juifs devaient porter une étoile jaune et étaient soumis à un couvre-feu à six heures du soir. Je suis parti jouer avec un ami chrétien et je suis rentré trop tard. J'ai retourné mon pull pour rejoindre la maison. Alors que je marche dans la rue déserte, j'aperçois un soldat allemand. Il porte l'uniforme noir des SS. Comme j'accélère le pas, il me regarde avec insistance. Il me rattrape et m'empoigne. Je suis terrifié à l'idée qu'il découvre mon étoile jaune. Mais il me repose doucement, me parle en allemand, m'ouvre son portefeuille et me montre la photo de son fils en me glissant une pièce. Je revins à la maison, persuadé que ma mère avait raison ; les gens sont toujours plus compliqués qu'on ne l'imagine. »

L'œuvre de Daniel Kahneman, le père de l'économie comportementale, consiste à décortiquer et expliquer cette complexité. Le prix Nobel d'économie, aujourd'hui professeur émérite à Princeton, était de passage à Paris en novembre 2012 pour présenter sa dernière trouvaille sur la façon de penser, « qui ne correspond pas à la manière dont nous pensons penser ». Cette découverte figure dans *Système 1/ Système 2, les deux vitesses de la pensée*, un pavé de 500 pages, publié dans de multiples langues. Deux personnages cohabitent dans notre crâne. Le premier, rapide, intuitif et émotionnel intervient d'abord.

L'autre arrive ensuite, réfléchit et calculateur, censé contrôler le premier. Mais le système 2 demande un effort mental, un reniement de l'ego : Il est plus facile de persévérer dans l'erreur que de se déjuger. C'est en raison de ce biais de paresse que les traders, les banquiers centraux et les économistes sont dangereux.

2. Pour Esther Duflo, la crise à résoudre est celle de la pauvreté

Comportementaliste ? Cette jeune Française a consacré sa vie à étudier, sans a priori, les comportements des populations les plus pauvres du globe. Pour elle, la secousse qui affecte l'économie mondiale à partir de 2007 ne change rien ou presque. « La crise ne modifiera pas fondamentalement la vie des plus pauvres. Elle ne change donc pas mon travail, qui consiste à tenter de comprendre, pas à pas et problème après problème, comment ces vies peuvent être rendues moins difficiles et plus riches », explique-t-elle en 2009 dans les colonnes du *Monde*. À la différence de la plupart de ses collègues, Esther Duflo ne cherche pas à scruter les causes de la crise et à trouver des solutions pour résorber les grands déséquilibres. Le genre de question qu'elle se pose ? Faut-il offrir gratuitement des moustiquaires imprégnées de pesticides, afin de protéger les populations déshéritées contre le paludisme ? Ou bien vaut-il mieux les vendre, même symboliquement, à un prix subventionné ? Si on les donne, on envoie le message que ces moustiquaires n'ont pas la moindre valeur. Elles risquent donc de ne pas être utilisées, voire transformées en étoupe ou bricolées en filet de pêche. Donner a toujours des effets pervers : si une famille a besoin de trois moustiquaires, achètera-t-elle les deux autres, si on lui a offert la première ? Et le voisin, sachant qu'on distribue des moustiquaires gratuitement, ne va-t-il pas attendre pour en avoir une sans payer et se faire contaminer et contaminer ensuite son voisinage ? À l'inverse, faire payer les moustiquaires, c'est prendre le risque de voir les plus pauvres renoncer à les acquérir, alors que le lien de cause à effet entre le risque de piqûre du moustique et le déclenchement de la malaria, qui survient plus tard, n'est pas toujours établi dans des populations habitées par l'urgence et l'instantanéité, toutes accaparées qu'elles sont par la nécessité d'organiser leur survie.

Cette histoire de moustiquaire, à donner ou à vendre, Esther Duflo la cite dans toutes ses conférences, ponctuées d'anecdotes personnelles, comme savent si bien le faire les Américains. Professeur au Massachusetts Institute of Technology (MIT), où elle a ouvert la chaire Abdul Latif Jameel sur la réduction de la pauvreté et le développement économique, Esther Duflo est aussi titulaire de la chaire « Savoirs contre Pauvreté » au Collège de France. Cette jeune quadragénaire qui parle désormais la langue de Molière avec une pointe d'accent américain et l'anglais avec un fort accent français, a reçu en 2010 la médaille John Bates Clark, comme Paul Samuelson (1970), James Tobin (1981), Milton Friedman (1976), Joseph Stiglitz (2001) ou Paul Krugman (2008) avant elle. C'est dire qu'elle est pressentie pour obtenir un prochain prix Nobel d'économie, avec l'Indien Abhijit V. Banerjee, qui fut son directeur de thèse au MIT. Ce qui serait un événement planétaire, puisqu'elle cumule trois handicaps pour être nobélisée : être une femme, Française et jeune par surcroît. Mais l'idée d'offrir la distinction suprême à une économiste du développement, un peu décalée par rapport aux soucis les plus pressants du moment, n'est pas absurde. En 1998, au beau milieu d'une tempête financière mondiale provoquée par LTCM, un fonds cogéré par les deux Nobel Myron Scholes et Fischer Black, le jury, sans doute saisi de remords, avait distingué

Amartya Sen, lui aussi issu du MIT, pour ses travaux sur la pauvreté et la famine.

Avec un culot et une naïveté confondants, Esther Duflo relativise l'intérêt, pour elle, de recevoir le Nobel d'économie, qui couronne l'influence des travaux du récipiendaire. « Il est certain que j'aimerais bien avoir de l'influence et que d'autres fassent la même chose que moi, mais qu'un prix Nobel vienne l'entériner ou pas, cela n'a guère d'importance, a-t-elle déclaré à *L'Express*. La médaille Clark est bien plus utile, car cette distinction vient très tôt dans une carrière. Elle a établi la validité et la légitimité de ma démarche. Cela compte beaucoup : certains pensent encore que mon travail ne relève pas vraiment de l'économie ! La décision des sages de l'American Economic Association était réconfortante. » Voilà qui ne manque pas d'aplomb.

Lors de ses passages en France, tous s'arrachent cette jeune prodige de l'économie. Ce fut en particulier le cas en janvier 2012, lorsqu'elle est venue présenter à l'école d'économie de Paris la traduction française de son dernier livre, *Repenser la pauvreté*, rédigé en anglais avec Abhijit V. Banerjee. Leur idée forte : si tant de programmes d'aide au développement ont échoué, c'est parce que leurs concepteurs ne connaissaient pas assez les situations et les comportements des plus démunis. Or, loin des idéologies, écrit-elle, il est désormais possible de mesurer l'efficacité de toute politique sociale, auprès des populations les plus pauvres de la planète. À condition d'aller sur le terrain, pour étudier de près les comportements.

Grand reporter à *Challenges*, Anne-Marie Rocco décrit alors son étonnement devant la prestation de cette jeune femme, petite et frêle derrière son grand bureau de professeur. « Le public, en adoration, ne remarque même pas qu'elle semble avoir un peu de mal à parler devant son auditoire. Émotivité ? Problème d'élocution ? Difficulté de s'exprimer en français alors qu'elle travaille toute l'année dans une autre langue ? Ne faisant pas a priori partie du fan club, on commence par ressentir un certain malaise : la première nobélisable française n'est vraiment pas une oratrice. Et puis l'on s'habitue à son intonation un peu nasillarde et à son propos parfois heurté, à ses mots qui mettent un peu de temps à venir. Et sans faire attention, on finit par se laisser prendre par l'intelligence du discours. »

La parole laborieuse d'Esther Duflo ne vient pas seulement de sa double culture ou de difficultés d'élocution, mais de son souci de ne pas simplifier à l'excès des situations, de choisir le mot juste, afin de toujours exprimer la complexité des choses, telles qu'elle les a étudiées sur le terrain. Son principal mérite, ce qui fait sa singularité, c'est en effet son aversion manifeste pour les idées toutes faites et pour l'idéologie, en particulier lorsqu'il s'agit d'étudier la pauvreté. C'est le concret, le vécu, qui passionne cette ancienne scoute, née à Asnières. Avec Michael Kremer, Abhijit Banerjee, Jeff Carpenter, John List et Sendhil Mullainathan, elle est une pionnière du développement des expériences en situation réelle, sur une question limitée et précise, avec comparaison entre un groupe témoin et un groupe d'expérience, comme méthode d'analyse en économie. Elle décrit sa méthode de travail comme « vraiment microéconomique. Mes projets portent toujours sur une question simple, épurée, qui a trait à la réaction des gens dans un contexte précis ».

Encore faut-il se débarrasser de tous les biais, inévitables dans l'étude des comportements humains car il est pratiquement impossible de trouver des groupes dont la situation de départ soit exactement semblable.

Question : quel est l'impact sur le salaire futur d'une année d'école supplémentaire ? Beaucoup d'autres éléments interviennent comme, par exemple, le niveau de vie des parents, le milieu social, etc. Selon la madone du MIT, « l'économie traditionnelle essaie de compenser ces différences par des manipulations statistiques visant à recréer une situation de départ identique pour tous. Mais, la plupart du temps, les résultats sont faussés parce qu'il y a toujours des paramètres cachés qui échappent à l'observation ». Pour éviter ces biais, il faut rechercher des « accidents de l'histoire », c'est-à-dire des situations concrètes préexistantes. Par exemple, aux États-Unis, l'école est obligatoire pour les enfants qui ont six ans au 1er septembre. Ceux qui sont nés le 2 septembre commencent leur scolarité un an plus tard. Donc ceux qui arrêtent l'école à seize ans vont à l'école un an de plus s'ils sont nés le 1er septembre que s'ils sont nés le 2 septembre. Ce qui permet une comparaison sans biais. Le deuxième directeur de thèse d'Esther Duflo, Joshua Angrist, a utilisé ce fait pour mesurer l'impact sur le salaire d'un an d'école en plus pour ceux qui arrêtent à seize ans. Résultat : leur salaire augmente de 7 % en moyenne. L'élève Duflo a suivi le maître et a trouvé à son tour un « accident de l'histoire » qui lui a permis d'évaluer l'impact sur le salaire à venir d'un an d'études supplémentaires en… Indonésie. Le résultat est le même qu'aux États-Unis : une augmentation de 7 % en moyenne ! Mais les accidents de l'histoire sont rares. Or, les programmes de lutte contre la pauvreté doivent optimiser la gestion des ressources limitées dont ils disposent. Souvent, lorsqu'ils étaient évalués avec les méthodes statistiques traditionnelles, ces programmes, efficaces lors des tests, se révélaient décevants lors de leur mise en œuvre à grande échelle. Aussi Esther Duflo a-t-elle, avec l'économiste Michael Kremer et Abhijit Banerjee, décidé de recréer des conditions expérimentales sur le terrain.

Ainsi des moustiquaires. Après avoir procédé à des évaluations, au Kenya, en offrant des moustiquaires à des groupes test, et en vendant à d'autres à des prix différents, après comparaison des résultats, le verdict est tombé : en dépit des effets secondaires inévitables, il est plus efficace, en terme de protection contre les moustiques et la malaria, de donner ces moustiquaires plutôt que les vendre, même à tout petit prix. C'est prouvé, à court, mais aussi à long terme. Explication : percevant les avantages de ces produits avec l'usage, les premiers utilisateurs ont encouragé les autres à se les procurer et même à les acheter. L'incitation initiale a donc conduit à une modification durable des comportements. Ce qui ne surprend guère, mais n'avait jamais été démontré.

Il y en a pourtant à qui ces voiles anti-moustiques ont donné des boutons. Guy Sorman est de ceux-là. « Derrière les moustiquaires d'Esther Duflo, on devine la réinvention du socialisme de technocrates, caractéristique de la France, affirme l'essayiste libéral : une élite d'enseignants et de hauts fonctionnaires serait la mieux qualifiée pour organiser notre bonheur, puisque le citoyen laissé à lui-même est incapable de choisir ce qui est bon pour lui. » Dans tous les cas examinés par Esther Duflo, l'intervention externe d'un bienfaiteur (ONG, organisation internationale, État) s'avère toujours plus efficace que la non-intervention, affirme Sorman. Dès lors, derrière l'apparent scientisme de sa démarche, Esther Duflo est une idéologue – de gauche, forcément de gauche – selon laquelle les politiques de développement endogènes, en laissant jouer l'initiative privée et les forces du marché, sont dépassées.

Esther Duflo, technocrate socialiste ? Elle s'en est défendue, soutenue par le journaliste engagé Edwy Plenel, lors d'un débat télévisé, conduit par Frédéric Taddeï, qui l'a opposé à Guy Sorman sur France 3, lors de son passage à Paris en janvier 2012. Ce dernier reproche à Esther Duflo, sous son apparente démarche scientifique – « Déjà, Karl Marx opposait le "socialisme scientifique" au "socialisme utopique" », rappelle-t-il – de s'inscrire en faux contre toute l'économie classique et l'école du choix rationnel selon lesquelles les individus font de bons choix pourvu qu'on leur permette de choisir. « Disant cela à Esther Duflo, je me fais traiter d'idéologue ! éructe Sorman : en réalité, ce n'est pas de la théorie ni de l'idéologie, seules de bonnes politiques économiques sont parvenues, depuis quarante ans, à sortir de la pauvreté plusieurs milliards d'hommes et de femmes. Cela a commencé lorsque les pays aussi différents que le Brésil, l'Inde ou la Chine ont renoncé au socialisme pour se convertir à l'économie de marché », constate-t-il. Et d'ajouter que les pays qui restent pauvres sont ceux où il est interdit d'entreprendre. « En vérité, Esther Duflo et Plenel refusent d'avouer la défaite totale du socialisme pour le développement ; le terme même d'économie de marché les horripile. Pour ne pas reconnaître leur déroute, ils nous assurent que la guerre n'a pas eu lieu : y revenir, ce serait sombrer dans "l'idéologie". »

Pour Esther Duflo, à la fois de gauche et pragmatique, les marchés ne sont pas efficients. En ce sens, cette comportementaliste est dans la ligne générale des néokeynésiens. Surtout, elle affirme et démontre qu'ils ne peuvent pas avoir réponse à tout. Les programmes de lutte contre la pauvreté interviennent précisément là où la demande (capacité ou volonté de payer) ne correspond pas au prix que les entreprises souhaiteraient obtenir. Ainsi, selon elle, il n'y aura jamais de réponse du marché aux enjeux de la scolarisation ou de la santé préventive.

Pour la petite histoire, on rappellera qu'Esther Duflo a aussi été attaquée par une partie de la gauche française, cible de tous ceux qui, bardés de certitudes idéologiques, cultivent la bonne conscience franchouillarde traditionnelle. En 2007, la chercheuse, alors âgée de trente-cinq ans et déjà professeur titulaire, à vie, au MIT, a ainsi été traitée « d'ignare » par les dirigeants de SOS Racisme ! Il est vrai qu'elle avait osé écrire dans une tribune libre de *Libération* que « les auteurs de la pétition de SOS Racisme contre une enquête sociologique qui prévoyait d'inclure une question sur la couleur de la peau jouent sur un amalgame avec la France de Vichy de manière délibérément injuste ».

En clair, pour la chercheuse, on ne peut résoudre les problèmes que si on les connaît. Et on ne peut les connaître que si on les a étudiés, sans préjugés. C'est le préalable à toute action efficace. D'où la nécessité de statistiques ethniques ou autres, sans mauvais procès. Une démarche à l'anglo-saxonne – naturelle dans sa culture protestante – qui explique au passage pourquoi Esther Duflo a dû traverser l'Atlantique pour exprimer son talent. Sa chronique dans *Libération* et son idée un peu naïve que les Français puissent accepter l'établissement de bases de données sur leurs origines ethniques lui ont valu quelques amabilités de ses compatriotes sur la Toile. Le blogueur Yves Toutain s'est par exemple déchaîné : « Que cette provocatrice retourne chez la famille Bush, qu'elle retourne chez les esclavagistes, qu'elle cesse de venir faire sa propagande raciste ici ! Que les étudiants du MIT et de l'École d'économie de Paris portent plainte contre ses propos et l'expulsent de leur établissement ! » Sans doute mieux vaut-il en rire…

Bref : la madone du MIT est difficilement classable, selon les critères français. Son parcours éclaire sa personnalité. Elle est la fille d'une pédiatre, active dans de nombreuses associations liées à l'Église réformée, dont l'une s'occupe des enfants victimes de la guerre. C'est bénévolat, mauvaise conscience et bons sentiments à tous les étages. Esther et sa sœur sont scoutes, chez les Éclaireuses de France (la branche protestante du mouvement). Comme toutes les petites filles sages des pays développés, Esther est troublée, voire perturbée, par le hasard qui l'avait fait naître au cœur d'une famille de la classe moyenne intellectuelle, dans la banlieue parisienne plutôt qu'au Tchad, dans la campagne indienne ou ailleurs. « J'ai toujours été consciente du gouffre qu'il y avait entre mon existence et celle des plus pauvres du monde, c'est une question de chance. Il en découle une responsabilité. »

Cette prise de conscience des malheurs des autres, ce besoin de réparer les hasards de la naissance ne la quitteront jamais. Adolescente, elle est volontaire pour les Restos du cœur, permanente à l'Armée du Salut. Elle lit beaucoup de livres – « J'ai découvert la pauvreté dans une bande dessinée, je crois qu'il s'agissait d'*Astrapi* », racontera-t-elle devant des étudiants et des sommités de l'économie qui gobent, bouche ouverte, le moindre de ses propos –, écoute sa mère qui partait régulièrement en mission caritative, dans les pays en guerre, avec l'Église réformée. Elle est militante engagée, se dit bouleversée par les concerts We are the world organisés par Bob Geldof pour lutter contre la famine en Éthiopie… « Plus tard, je me suis rendu compte que les clichés font partie intégrante du débat sur la pauvreté, y compris chez les élites des pays pauvres. »

Une gamine, comme tant d'autres, désireuse de sauver le monde. Mais ce noble objectif, elle ne l'abandonnera pas en route. Car Esther Duflo a les moyens de ses ambitions. Sur le plan scolaire, c'est une flèche. Elle poursuit des études brillantes, passe son bac au lycée Albert Camus de Bois-Colombes (Hauts-de-Seine), intègre une prépa Lettres et Sciences Sociales au prestigieux Lycée Henri IV à Paris. Passionnée d'histoire, depuis son enfance, elle l'étudie d'abord à Normale Sup, tout en travaillant comme bénévole chez les Éclaireuses et

Éclaireurs unionistes de France ainsi que dans différentes ONG.

Dans ce cadre, elle se rend à Madagascar, avec l'Église réformée. C'est son premier contact avec la pauvreté. Un choc. Elle avait une vision très misérabiliste. La voilà qui sort des clichés. Elle est frappée par l'intelligence et la créativité dans ce pays dont elle trouve les habitants pleins de ressources, capables de faire des choix dans leur vie et n'étaient, finalement, pas autant piégés qu'on pouvait l'imaginer par la pauvreté. Mais plus tard, elle racontera s'être rendu compte que les gens mouraient de faim, en partie parce qu'ils avaient trop mangé en début de saison ! Ce sont des choses que les spécialistes savaient mais n'osaient pas écrire. Esther, si. Avec une fausse naïveté roborative. Elle découvrira aussi qu'il est plus exigeant, engageant, dangereux, délicat d'être pauvre que riche. Aucune erreur n'est possible. L'eau que je trouve est-elle buvable ? Est-ce que j'en donne à mes enfants ? Dans les pays développés, il suffit d'ouvrir le robinet. Nous sommes dégagés de ces problèmes qui demandent une énergie de tous les instants. « Les pauvres, écrira-t-elle, risquent de faire des erreurs qui ne sont même pas possibles pour nous, comme oublier de faire bouillir l'eau, par exemple. » De cette première expérience malgache, Esther tire rapidement la conclusion que lutter contre la faim n'est donc pas seulement un problème de ressources mais aussi d'allocation des ressources. Et que saupoudrer les aides ne sert à rien.

Elle croit longtemps que c'est en étudiant l'histoire qu'elle trouvera les solutions pour agir. Elle obtient sa maîtrise en rédigeant son mémoire sur le premier plan quinquennal de l'Union soviétique. Dans ce cadre, en 1993, elle passe une année en Russie, où elle travaille, pour le ministère des Finances, sur la transition vers l'économie de marché. Dans ce pays en plein bouleversement, elle fait une rencontre capitale : celle du jeune économiste français Thomas Piketty, qui y travaillait pour le compte du MIT. Celui qui deviendra le théoricien des inégalités en France, lui vante alors les États-Unis, où les chercheurs ont de véritables opportunités de l'impliquer dans la société, par des actions concrètes. Grâce à lui, elle comprend que l'économie lui permettra de relier sa vie professionnelle à sa volonté d'engagement personnel.

La voilà donc qui se tourne vers l'économie appliquée, obtenant dès 1995 un DEA au Delta, ancêtre de l'École d'économie de Paris. Elle devient l'assistante de recherche de Jeffrey Sachs et de Daniel Cohen. Puis quitte la France pour les États-Unis où elle découvre que l'avancement n'est pas lié à l'âge et où les bons laboratoires de recherche trouvent facilement de l'argent. En 1999, elle soutient sa thèse de doctorat, intitulée *Three essays in empirical development economics*[1]. Celle-ci est consacrée à l'évaluation économique des projets de développement. La même année, elle intègre le département d'économie du MIT. Elle y deviendra professeur associé en 2002. Quand elle décide d'abandonner la macroéconomie, pour mettre les mains dans le cambouis, Esther Duflo raconte que son collègue Olivier Blanchard (aujourd'hui au FMI) l'a chambrée sur le thème : « Tu ne pourras plus vraiment comprendre l'équilibre général… » Elle n'a rien oublié et donne un petit coup de patte en passant : « Les économistes eux-mêmes ne le comprennent pas très bien non plus, la crise financière l'a prouvé ! »

Après une année en détachement à l'université de Princeton, elle se voit offrir la *tenure* (engagement à vie) au MIT et accède au prestigieux titre de professeur en 2004, à l'âge de trente-deux ans. Les médailles se succèdent alors : elle obtient notamment en 2002 le prix Elaine Bennett pour la recherche de l'American Economic Association, qui récompense une femme de moins de quarante ans dont les contributions en

1. Trois essais sur l'économie empirique du développement.

recherche économique sont exceptionnelles. En 2005, *Le Monde* et le Cercle des économistes lui décernent le prix du meilleur jeune économiste de France. En mai 2008, le magazine américain *Foreign Policy* la fait figurer sur sa liste des 100 premiers intellectuels mondiaux. En 2009, elle est lauréate du prix MacArthur. Fin 2010, alors qu'elle a obtenu la médaille Clark, le magazine américain *Time* la fait figurer sur sa liste des 100 personnes les plus influentes au monde. En 2011, elle est lauréate de la médaille de l'innovation du CNRS et début 2013, elle intègre le Conseil présidentiel du développement global de Barack Obama. Codirecteur au sein du MIT de J-Pal[1], un laboratoire abritant un réseau d'une trentaine de chercheurs, répartis dans le monde entier, elle y joue un rôle majeur, aussi bien du point de vue scientifique que de celui de la levée de fonds et de leur gestion. Le J-Pal est sollicité par des ONG, des gouvernements et des entreprises venues du monde entier, qui participent à son financement. Il a trois objectifs : soutenir les chercheurs pratiquant l'évaluation aléatoire, diffuser ses résultats auprès des gouvernements, des ONG, et former des acteurs du développement.

Tous ceux qui travaillent sur la pauvreté dans le monde, libéraux comme interventionnistes,

1. *Abdul Latif Jameel Poverty Action Lab.*

s'entendent au moins sur un point, essentiel : celle-ci recule, ce qui ne veut pas dire que la qualité de vie s'améliore. Car la pauvreté est un concept relatif. Dans ce sens-là, elle sera toujours présente. Comme en médecine, les objectifs ne cessent de reculer. On commence par essayer d'éradiquer l'extrême pauvreté – les gens qui meurent de faim – puis, une fois cette étape franchie, on travaille à ce que chacun ait accès à une éducation, et ainsi de suite.

Il reste que le mouvement de recul de la pauvreté extrême est massif. Au point que le seuil, actuellement fixé à un dollar par jour et par personne, pourrait être relevé, faute de pauvres en nombre suffisant ! Au fur et à mesure que la planète s'enrichit, le nombre de pauvres diminue. Les famines n'existent plus, sauf en cas de guerre. Esther Duflo affirme même que la faim n'est plus la préoccupation centrale des plus pauvres. On a constaté en Afrique un mouvement qui consiste à passer des graines rustiques et nutritives, mais sans goût, à des graines plus nobles, à des céréales ou à des féculents, ainsi qu'au lait et à la viande. Esther Duflo cite une expérience menée en Chine par Rob Jensen : celle-ci a montré que, quand le prix du riz baisse, les gens utilisent ce surplus de pouvoir d'achat pour agrémenter leur ordinaire avec des crevettes ou du porc, qui sont pourtant moins riches en calories, mais meilleurs en goût.

En Inde, pays qui s'est fortement enrichi depuis les années 1980, le nombre de personnes qui consomment moins de 2 400 calories par jour augmente ! Au-delà d'un certain seuil, le plaisir passe avant la nécessité.

D'où l'importance, pour les populations les plus démunies, d'accéder à des moyens de communication comme la télévision ou le téléphone portable. D'un point de vue occidental, rationnel et caritatif, c'est une folie de se priver de nourriture pour s'acheter une télévision. On trouve sur ce point chez Esther Duflo des écrits contradictoires : d'un côté elle affirme que les pauvres (pas plus que les riches) ne savent choisir ce qui est bon pour eux. Allant jusqu'à prôner un certain paternalisme, que Richard Thaler et Cass Sunstein qualifient de « paternalisme libertaire ». Exemple : la vaccination des enfants, qui implique une projection dans l'avenir, est impossible pour certaines populations, envahies par les difficultés du quotidien : lorsqu'on est très pauvre, le présent est si stressant qu'on ne parvient pas à se projeter dans le futur. Offrir aux familles un kilo de lentilles par vaccination est donc un excellent investissement d'avenir, assure l'ancienne scoute, qui ne manque pas de rappeler que le caractère obligatoire de la vaccination en Occident montre bien que, ici aussi, les choix sont dirigés. Un riche qui boit l'eau du robinet ne se demande pas, dans un pays développé, si elle est potable : on a choisi pour lui. Alors que dans un pays pauvre, c'est un souci quotidien.

Mais, à l'inverse, Esther Duflo affirme qu'arbitrer entre un surplus de calories au profit d'une télévision ou d'un téléphone portable, voire d'un ordinateur, n'est pas un choix aussi sot qu'il y paraît. Mieux vaut apprendre à pêcher qu'acheter du poisson, disait ce bon vieux Mao. De ce point de vue, la télévision et le téléphone, qui éveillent les sens, font circuler l'information, renseignent sur ce qui se passe ailleurs, sont des éléments clés de la libération des plus pauvres, une libération d'abord intellectuelle.

Esther Duflo distingue trois phases, depuis cinquante ans. Dans les années 1960 régnait la théorie des choix rationnels : on essayait d'expliquer que les pauvres prennent des décisions aussi rationnelles que les riches tout en tenant compte de leurs propres ressources limitées. Puis dans les années 1980-1990, il y a eu un premier changement théorique avec l'économie de l'information : on a admis que les pauvres ne pouvaient pas prendre les mêmes décisions que les riches, à cause d'un manque d'informations et d'opportunités. Enfin aujourd'hui, avec le développement de l'économie expérimentale et comportementale, on montre comment le fait même d'être pauvre modifie la prise de décision pour des raisons psychologiques. En particulier, les gens très pauvres ne peuvent pas prendre des décisions rationnelles concernant le futur car ils n'ont pas le même rapport au temps que les gens plus riches. Cela crée une inconsistance « temporelle » dans la prise de décision, dont il faut tenir compte dans la modélisation. Celle-ci peut se manifester dès qu'une personne est confrontée à un choix, quelle que soit la situation. Avec l'économie expérimentale, Esther Duflo se vante d'avoir révélé son incidence particulièrement importante sur la prise de décision en situation de pauvreté.

C'est d'ailleurs l'apport principal de son travail : avoir analysé en détail les processus de décision des pauvres, perçus comme des agents économiques à part entière. Ce qui fait voler en éclat ce qu'elle appelle « une pensée paresseuse sur le développement », qui consiste à réfléchir rapidement, à identifier un problème, puis à investir des milliards de dollars, alors que ce n'est pas le bon problème. Une fois ces programmes lancés, ils drainent des ressources considérables, pendant des années, sans qu'on soit sûr de leur efficacité. Les choses sont pensées vite et mal. D'où l'échec d'un certain nombre d'actions de lutte contre la pauvreté.

En outre, estime-t-elle, les politiques publiques sont souvent définies en fonction d'un monde rêvé et non tel qu'il est. Cela s'explique par une méconnaissance totale du terrain. En Inde, parce que les infirmières sont chargées d'une mission impossible, elles ne font rien. Et cela ne changera pas tant qu'on ne leur donnera pas des missions accessibles dont elles seront responsables. Idem pour les écoles. Esther Duflo a longuement enquêté en Inde. Pas facile de mesurer les niveaux des enfants, au moyen de tests, car souvent les professeurs écrivent les bonnes réponses au tableau. « En Inde, comme dans d'autres pays, nous avons découvert que le niveau d'enseignement théorique ne correspondait absolument pas au niveau réel des enfants. Donc, ils n'apprennent rien. Cela explique aussi le phénoménal taux d'absentéisme des enseignants, dont la mission n'a aucun sens. » En revanche, des expériences de soutien scolaire, largement expérimentées et documentées, ont montré leur efficacité. Elles ont été faites dans les 120 écoles publiques de la ville de Baroda et dans 30 écoles d'un même quartier de Bombay, par moitié, c'est-à-dire soit en CM1, soit en CE2, au hasard. Des tests de connaissance ont été effectués en début, milieu et fin d'année pendant deux ans. L'évaluation a montré que ce programme donnait des résultats excellents, surtout pour les enfants d'un niveau très faible. L'ONG Pratham, commanditaire de l'étude, a mis en œuvre le soutien scolaire dans une centaine des 300 districts de l'Inde auprès d'environ 17 millions d'enfants. Avec succès.

Étudier les comportements concrets des populations que l'on souhaite aider peut réserver des surprises. C'est ainsi qu'une équipe de chercheurs du J-PAL, travaillant au Kenya sur les solutions pour limiter la diffusion du virus du sida, s'est rendu compte que ni les connaissances sur le virus, ni les comportements sexuels (mesurés notamment par les taux de grossesse des filles) n'avaient changé après les interventions dans les écoles où les enseignants ont été formés au programme « ABCD[1] ». En revanche, le programme *Sugar Daddy* (Méfie-toi des « papas gâteaux ») s'est révélé beaucoup plus efficace dans la réduction des comportements sexuels à risque : en luttant contre le préjugé des jeunes filles selon lequel les partenaires plus âgés auraient moins de risque d'être contaminés que les plus jeunes, on a pu les inciter à diminuer la fréquence de leurs relations sexuelles non protégées avec des partenaires plus vieux qu'elles. Ainsi, pour Esther Duflo, « la diffu-

1. *Abstain, Be faithful, use a Condom... or you Die.* (Abstenez-vous, soyez fidèle, utilisez un préservatif... ou vous mourrez)

sion d'une information méconnue et ciblée est efficace, mais des incantations générales ne le sont pas ».

Pour conclure, on dira que pour sauver les pauvres, l'Éclaireuse de France se passionne donc autant aux moustiquaires qu'à… ce qui se passe dessous.

3. Le protectionnisme, une étrange controverse franco-française

Amoureux du cheval, les Britanniques ont été sidérés, plus encore que les autres Européens : *disgusting* ! Comment des marques de renom en sont-elles donc arrivées à remplir nos assiettes avec une mixture dégoûtante de gras, de maigre et de collagène – appelée « minerai de cheval » – et présentée comme de la pure viande de bœuf ? Pour beaucoup de Français, le coupable est tout désigné : c'est la mondialisation. Cette sombre affaire nourrit en effet les arguments de la cohorte grandissante de ceux qui lui sont hostiles. Un phénomène, la mondialisation, fortement dénoncé par le seul Français ayant reçu le prix Nobel d'économie : au printemps 2009, peu avant sa mort, dans une de ses rares interviews (accordée à la confidentielle revue *Fakir*), Maurice Allais présentait le protectionnisme comme une « idée neuve » et fustigeait « l'idéologie que j'appelle "libre-échangiste mondialiste" qui a fait d'innombrables victimes dans le monde entier ».

À ce jour, la consommation du cheval pur bœuf n'a, semble-t-il, tué personne, mais elle symbolise l'horreur d'une mondialisation débridée. Tous les ingrédients sont là : des vieilles carnes fourbues à force de tirer des charrettes, abattues, découpées et congelées en Roumanie, achetées via des sociétés de trading chypriotes et néerlandaises, transformées en France, puis au Luxembourg, auxquelles on a ajouté des tomates venues de Chine, pour faire des plats cuisinés, lasagnes, sauces bolognaises, hachis parmentier et autres, vendus dans toute l'Europe sous des marques différentes s'approvisionnant auprès du même fournisseur. Une traçabilité inexistante, des étiquetages fantaisistes. Le couvercle soulevé, après le cheval, d'autres surprises attendent les consommateurs. Ikea arrête la vente des boulettes de viande dans ses cafétérias situées dans 23 pays, craignant qu'elles contiennent… des matières fécales. Comme si le système échappait à tout contrôle. Picard, Findus, les marques les plus prestigieuses sont concernées. L'absence d'étiquetage fiable ouvre la voie aux malfrats de tout poil. De quoi se précipiter chez son boucher de quartier pour lui acheter du Charolais dont lui, au moins, certifie l'origine ! À un tout autre prix, il est vrai et c'est bien là le problème.

Et s'il n'y avait que la sécurité sanitaire ! Maurice Allais affirmait que « la mondialisation généralisée des échanges, entre des pays caractérisés par des niveaux de salaires très différents, entraîne finalement partout, dans les pays développés comme dans les pays sous-développés, chômage, réduction de la croissance, inégalités, misères de toutes sortes ». À quoi les opposants à la mondialisation ajoutent le dumping social, les atteintes à l'environnement, entre autres. En oubliant, bien sûr, ses indéniables conséquences positives, en particulier la baisse massive et historique des prix de la plupart des produits de consommation, l'émergence des pays de l'ex-tiers monde, la sortie définitive de la pauvreté pour des milliards d'habitants de la planète, etc.

Les griefs contre le libre-échange et la mondialisation, en France, ont été bien résumés dans un « manifeste pour un débat sur le libre-échange », organisé par un « forum démocratique » soutenu par Jacques Sapir, Jean-Luc Gréau et Hervé Juvin. Publié à la veille de l'élection présidentielle de 2012, il en appelait à un « protectionnisme européen ». En voici le texte intégral et cela vaut la peine d'être lu :

« L'instauration du libre-échange total entre l'Europe et les pays à bas salaires comme la Chine s'est traduite par une catastrophe économique et sociale.

Avec 23 millions de chômeurs, 80 millions de pauvres, l'apparition de travailleurs pauvres, la montée du travail précaire, l'effondrement des classes moyennes, la stagnation ou la baisse des salaires et du pouvoir d'achat, l'explosion des inégalités de revenus, la cohésion et la paix sociale sont menacées.

Avec la désindustrialisation et les délocalisations massives, le surendettement public, les déficits commerciaux de la majorité des pays européens et l'accumulation par certains pays émergents comme la Chine de réserves de changes colossales, l'indépendance économique de l'Europe est menacée.

Tels sont les fléaux provoqués par la concurrence déloyale régnant dans le marché mondial.

Les citoyens européens en sont maintenant bien conscients. Les enquêtes d'opinion démontrent que 2/3 des Français, mais aussi des Italiens, des Espagnols et des Allemands sont favorables au protectionnisme aux frontières de l'Europe. Mais la voix des citoyens n'est prise en compte ni par leurs gouvernements respectifs ni par la Commission européenne.

Ce suicide économique et social doublé d'un refus d'entendre les citoyens doit cesser ! C'est pourquoi, nous avons décidé de lancer une Initiative citoyenne européenne (ICE) dans 9 pays ; elle demande de rétablir la préférence communautaire et une concurrence loyale, en instaurant un protectionnisme commercial aux frontières de l'Europe. Son objectif est de retrouver le plein emploi et une croissance équilibrée dans les pays européens.

Pour que les candidats à l'élection présidentielle en France s'engagent à soutenir notre proposition et qu'elle soit adoptée par la Commission, le Parlement et le Conseil européens, il faut qu'elle soit soutenue par au moins un million de citoyens européens ! Plus nous aurons de signatures, plus nous pèserons dans ce débat.

Votre avenir et celui de vos enfants ne sont pas voués au déclin. Des alternatives existent. Ce combat est le vôtre, personne ne le mènera à votre place. Apportez votre signature à l'Initiative Citoyenne Européenne ! »

Pour ou contre la mondialisation ? « Voilà bien un débat pittoresque et purement français », commente le très élitiste Alain Minc, symbole de la « pensée unique », chantre du « cercle de la raison » et bête noire des « alters » et autres gauchistes de tout poil : « C'est comme si on voulait s'opposer au temps qu'il fait ou à l'air qu'on respire. »

C'est en effet une étrange singularité française que d'instaurer un débat sur le bien-fondé de la mondialisation qui, dans les autres pays, n'existe pas. Nulle part ailleurs qu'en France, ce mouvement de l'histoire n'est sérieusement remis en cause, pas plus à droite qu'à gauche. Ainsi, pour les prix Nobel américains Joseph Stiglitz et Paul Krugman, que l'on peut pourtant classer, à maints égards, à la gauche d'Arnaud Montebourg ou Jean-Luc Mélenchon, la mondialisation n'est pas un sujet de débat. Pour eux comme pour tous les grands économistes, le protectionnisme est perçu comme un pis-aller politicien, une erreur historique rémanente, sans véritable fondement théorique. « Je crois aux principes de l'avantage compétitif, je crois fermement aux vertus du libre-échange », a notamment déclaré Paul Krugman.

Il n'empêche. En France, le débat a bien lieu. Et il est vif. Mondialisation et protectionnisme ont été au centre de la campagne présidentielle de 2012. Après avoir signé un livre dont le titre, *Votez pour la démondialisation,* était sans ambiguïté, Arnaud Montebourg a obtenu 17 % des voix à l'élection primaire des socialistes pour la présidentielle de mai 2012. Devenu ministre du Redressement industriel dans le gouvernement de Jean-Marc Ayrault, le turbulent s'est dans un premier temps construit une solide notoriété en défendant, en toute occasion, le Made in France, allant jusqu'à poser, à la une du *Parisien Magazine*, en marinière à rayure fabriquée en Bretagne par Armor-Lux, avec une cafetière Seb dans les mains. Il s'est aussitôt attiré les foudres de Bruxelles. « M. Montebourg s'affiche contre la mondialisation, il est protectionniste, c'est un choix, a dit Karel de Gucht, commissaire européen au Commerce, mais son raisonnement ne tient pas la route. La France ne peut pas, seule, redistribuer les cartes du commerce mondial. »

Commentaire aussi cinglant de Pascal Lamy, directeur général de l'Organisation mondiale du commerce (OMC) et bête noire des protectionnistes : « Je n'ai rien contre le patriotisme économique. Par contre, si ça doit se transformer en protectionnisme patriotique, alors là non, parce que l'économie internationale, aujourd'hui, suppose que pour bien exporter vous importiez plus. » Réaction immédiate de Bruxelles à cette étrange prestation du ministre français en mannequin chauvin : la commission refuse de faire droit à sa demande de « mettre sous surveillance » les importations de voitures coréennes en France qui ne cessent d'augmenter depuis la signature d'un accord de libre-échange en 2011 entre l'Union européenne et la Corée du Sud.

Dans une tribune, publiée le 3 janvier 2013 dans *Le Monde*, Jean-Marc Ayrault a sifflé la fin de la récréation : le gouvernement assume sa politique social-démocrate et le Premier ministre y rappelle que la France est un pays européen résolument ouvert. Message reçu : Montebourg rentre aussitôt dans le cercle de la raison. Pas question de se couper du chef de l'État et du gouvernement, ainsi que des instances européennes. De risquer de perdre son portefeuille. Observateur amusé de cette reconversion spectaculaire, Alain Minc en a cruellement tiré un « théorème de Montebourg » : « Tout protectionniste trempé dans le bain de la réalité en ressort libre-échangiste. »

Il n'empêche. Entre les « élites mondialisées », comme les dénoncent leurs détracteurs, et le peuple, le fossé s'accroît un peu plus tous les jours. Et, par un curieux retournement de l'histoire, ce qu'on a longtemps appelé « la pensée unique » (terme initialement jeté à la figure des balladuriens par les chiraquiens), longtemps associée au libéralisme et à l'ouverture des marchés, semble avoir changé de camp. Désormais, en effet, hors des cercles étroits du pouvoir politique et économique, protectionnisme et démondialisation ont bonne presse. À longueur de colloques, de livres et d'interventions publiques, sur fond d'écologie, de développement durable et d'économie équitable, le caractère nuisible de la liberté des échanges est désormais présenté comme un fait acquis. *Le Monde Diplomatique*, *Alternatives Économiques* ou le site d'information Médiapart font écho à un groupe d'intellectuels, de professeurs d'université, de démographes, extrêmement mobilisés. Leurs deux figures de proue sont Jacques Sapir, directeur d'études à l'École des hautes études en sciences sociales et à l'université de Moscou ainsi que l'inclassable et sombre Emmanuel Todd. Il a préfacé le livre d'Arnaud Montebourg qui en a fait son mentor. Todd porte le pessimisme sur son visage et se présente comme historien, anthropologue, démographe, sociologue et… essayiste. Derrière, on trouve dans cette école de pensée favorable au protectionnisme des personnalités comme François Ruffin, Serge Halimi, Frédéric Lordon, auteurs du livre *Le Protectionnisme et ses ennemis*, ainsi que Jean-Luc Gréau, Philippe Murer et bien d'autres.

Fait notable : ce sont tous des seconds couteaux. Parmi ces personnalités, habitées par leur sujet, il n'y a aucun puissant théoricien de l'économie, reconnu comme tel par la communauté internationale. Au-delà de l'icône Maurice Allais, de deux économistes canadiens, Barbara Spencer et James Brander, vaguement célèbres au début des années 1980, ainsi que le coréen Ha-Joon

Chang (un des rares partisans contemporains du protectionnisme), il faut en effet remonter très loin dans le temps, jusqu'à Friedrich List, un Allemand mort en 1846, considéré comme un des pères du nationalisme germanique, pour trouver un économiste ayant théorisé le bien-fondé de ce qu'il appelait « le protectionnisme éducateur ». Opposé à la théorie des avantages compétitifs de David Riccardo, ainsi qu'Adam Smith et à Jean-Baptiste Say, les deux grands théoriciens classiques du libre-échange, il leur opposait la réalité des nations.

Dès l'origine, nationalisme et protectionnisme ont donc partie liée. Mais pas au point de se confondre. Le protectionnisme et le nationalisme prônés par Friedrich List n'ont rien à voir avec les dérives ultérieures, celles des années 1930 et d'aujourd'hui avec, notamment, les idées affichées par Marine Le Pen. List, par exemple, est favorable aux migrations. Il constate que ce sont les États puissants, aux économies solides, qui attirent les étrangers. Il se félicite des conséquences démographiques et « racistes » (selon la terminologie de son époque, sans connotation négative) : « On ne peut nier, écrit List, que du mélange de races diverses, il résulte à peu près sans exception, une postérité robuste et belle. »

Théoricien, historiquement daté, du protectionnisme, List était cependant beaucoup plus nuancé que certains de ses lointains exégètes français. Les barrières douanières étaient, selon lui, un pis-aller. Pas question, pour lui, de les instaurer dans les produits agricoles et les matières premières, où les avantages compétitifs doivent jouer. Pour List, le protectionnisme ne devait s'appliquer que dans l'industrie, où « tous les peuples ont la même vocation pourvu qu'ils possèdent les conditions matérielles, intellectuelles, politiques et sociales requises à cet effet ». Il ne pouvait être instauré que pour favoriser le développement d'une base industrielle dans les pays qui ont pris du retard, afin de leur donner le temps de le rattraper en réunissant ces conditions. Il s'agissait, à son époque, de se protéger de la Grande-Bretagne toute-puissante. Mais List ajoutait qu'une fois le rattrapage réalisé, toutes les barrières douanières devaient disparaître.

Une controverse historique s'est développée sur le bien-fondé, dans certaines circonstances, du protectionnisme. Pour Jacques Sapir, en particulier, la prospérité des États-Unis au lendemain de la guerre de Sécession est due « à un protectionnisme ombrageux doublé d'une forte intervention publique ». Il rappelle que le pays a connu, à cette époque, dans un contexte de protectionnisme virulent, avec des tarifs douaniers de 40 % à 50 % sur tous les produits importés, un des taux de croissance les plus élevés du monde.

De même, poursuit Sapir, « le Japon, la Russie et les USA, dès 1860, puis l'empire allemand à partir de 1871, ont bâti leur croissance, jusqu'en 1914, grâce à un protectionnisme fort destiné à les protéger en priorité de la Grande-Bretagne, mais aussi d'autres pays comme la France et la Belgique ». Le Coréen Ha-Joon Chang affirme lui aussi que « les États-Unis, superstars économiques de la fin du XIXe siècle, ont suivi des recettes politiques allant totalement à l'encontre de l'orthodoxie néolibérale actuelle ».

Mais la plupart des grands économistes tiennent un raisonnement strictement inverse, affirmant que le développement économique de la fin du XIXe siècle s'est produit non pas grâce, mais en dépit du protectionnisme. Dans son article « Tariffs and Growth in Late Nineteenth Century America[1] », Douglas Irwin a montré que la croissance était essentiellement tirée par l'accumulation du capital dans les secteurs comme les chemins de fer et l'industrie du bâtiment, qui ne sont pas concernés par les droits de douane. Irwin montre que, non seulement le protectionnisme n'a pas été à l'origine du développement économique, mais qu'il lui a été nuisible. En renchérissant le prix des biens d'équipement importables (machines-outils, engins à vapeur...),

1. « Droits de douane et croissance à la fin du XIXe siècle »

les droits de douane ont comprimé l'investissement et l'accumulation du capital, sources essentielles de la croissance de cette époque. Selon Bradford De Long, « les effets nocifs des droits de douane sur l'investissement étaient extrêmement importants pour la croissance du XIXe siècle ».

Enfin, les protectionnistes oublient que les États-Unis représentaient alors l'une des zones de libre-échange intérieur les plus étendues de la planète. En son sein, les mouvements de marchandises et de capitaux étaient libres ; des entreprises y sont nées et s'y sont développées en l'absence de protection contre les concurrents plus expérimentés. Comme le rappelle Gottfried Haberler, « un puissant centre industriel a été établi en une courte période dans le Middle West américain, sans aucune protection contre les industries établies des États de l'Est ».

Autant dire que le fondement théorique de l'anti-mondialisation et la crédibilité des intellectuels qui la défendent sont modestes. Leur résonance politique, en France, n'en est que plus surprenante. De Marine Le Pen à Jean-Luc Mélenchon en passant par Jean-Pierre Chevènement, Benoît Hamon mais aussi Laurent Wauquiez ou Nicolas Sarkozy (qui, démagogue, a prôné, en vain, l'instauration d'un « by european act »), les hommes politiques français sont tous, à des degrés divers, parfois sans y croire, tentés de faire jouer la corde du protectionnisme.

Comme si les leçons du passé n'avaient servi à rien. Qui se souvient de l'initiative prise par Édith Cresson, en 1982 ? Elle avait surtaxé les magnétoscopes japonais, symboliquement dédouanés à Poitiers. Une mesure inefficace qui provoque un tollé général dans le monde. La mesure est annulée un an plus tard, dans l'indifférence générale. Et plus aucun jeune ne sait ce qu'est un magnétoscope. Qui se souvient, en 1991, de la croisade de Jacques Calvet, alors président de Peugeot-Citroën, contre les voitures japonaises ? Il avait obtenu, jusqu'en l'an 2000, une limitation à 3 % en France, contre 16 % en Allemagne. Ce répit n'avait pas été mis à profit par les constructeurs français pour se muscler. Et ce n'est pas par le Japon, mais par l'Allemagne, qu'ils se font bousculer…

Bien sûr, on ne parle que de « protectionnisme européen ». À l'exception de Marine Le Pen, nul en effet n'ose prôner ouvertement l'isolation de la France et le retour des barrières tarifaires au sein même de l'Europe. Par souci de respectabilité, on parlera donc de protection aux frontières de l'Europe, sans tenir compte du fait que le déficit commercial de la France est réalisé, pour l'essentiel, avec ses voisins européens, au niveau de vie comparable et liés par une monnaie commune. On imagine faire revenir l'Europe à sa conception initiale, fondée sur la préférence communautaire.

On dit que l'Europe a le droit, dans un monde en guerre sur les coûts salariaux, de faire un virage protectionniste. Le rêve demeure vivace d'une grande zone européenne – éventuellement élargie aux États-Unis – mais isolée de l'extérieur, à l'abri de la concurrence des pays émergents à bas salaires, à commencer par l'Inde et la Chine. Une zone qui se protégerait sans complexe, à l'image de la plupart des grands pays du monde, du Brésil à la Russie, en passant par la Chine, le Japon, l'Inde. Tous, y compris les États-Unis, n'hésitent en effet pas à taxer leurs importations, à établir des normes spécifiques ou carrément à fermer leurs frontières à certains produits, dans certains secteurs, lorsqu'ils estiment que l'intérêt national est en jeu.

Pour de multiples raisons, parfois justifiées (bas salaires, travail des enfants, non-respect de l'environnement, etc.), les États ne cessent ainsi de renforcer leurs barrières commerciales, en même temps qu'ils en font tomber d'autres. Global Trade Alert a comptabilisé 2 500 mesures protectionnistes, prises depuis le début de la crise, dont 170 en Russie, 147 en Argentine, 74 en Inde, 68 en Grande-Bretagne, 64 en Allemagne, 61 en Chine et autant en France. Bien sûr, ces classements, toujours susceptibles d'être remis en question, n'ont qu'une valeur indicative. Mais ils montrent bien que partout, dans tous les pays, y compris dans les plus libéraux, la tentation du protectionnisme, ouvertement ou insidieusement, est permanente.

La Russie arrive en tête de ce classement avec 170 mesures prises depuis 2008 affectant les intérêts commerciaux de 144 de ses partenaires. Non content d'exiger des droits de douane de 30 % sur les importations de voitures étrangères, ce pays, qui vient pourtant de rejoindre l'OMC en août 2012, a, par exemple, décidé qu'un tiers des véhicules vendus chez lui devront être équipés d'un moteur ou d'une transmission fabriqués localement, ceci jusqu'en 2020.

Seul problème : le protectionnisme européen existe ! Souvent qualifiée de « naïve » sur la protection de ses intérêts, l'Europe, en effet, n'est pas en reste. Elle est même surreprésentée, avec 13 pays sur les 20 les plus protectionnistes au monde. « L'Europe n'est pas plus ouverte à la concurrence internationale que les autres pays industriels comparables, a démontré Jean-Marc Siroën, professeur à Paris-Dauphine, dans un colloque organisé en juin 2012 : ainsi, les droits de douane européens sont au même niveau que les chinois, japonais ou encore américains. Et les recettes douanières, rapportées aux importations, révèlent que le degré d'ouverture de l'Union européenne est identique à celui des États-Unis et légèrement supérieur à celui du Japon. »

Ces réalités, nul ne veut les entendre, personne n'y croit. À l'écoute du peuple, les politiques prennent en compte une réalité que les dirigeants économiques occultent volontiers : à longueur de sondages, les Français affichent une hostilité croissante à la mondialisation et, plus généralement, tout ce qui touche au libre-échange. En juin 2011, une association d'économistes engagés « Manifeste pour un débat sur le libre-échange », animée par Philippe Murer, professeur de finances à la Sorbonne, commande un sondage à l'Ifop sur « les Français et le protectionnisme ». Même si les questions sont orientées, les résultats sont clairs : 65 % d'entre eux souhaitent voir... augmenter les droits de douane sur les marchandises importées des pays émergents. La mondialisation, ils la détestent : 57 % des personnes interrogées disent en effet que l'effet de l'ouverture sur les prix des produits consommés en France a été négatif. Jugement encore plus tranché, à hauteur de 73 %, en ce qui concerne les déficits publics, à 78 % pour le niveau des salaires et à 84 % en ce qui concerne l'emploi. L'hostilité est radicale : près de la moitié des Français (48 %) estiment ainsi « très négatives » les conséquences de la mondialisation sur l'emploi, 36 % d'entre eux les qualifiant de simplement « négatives ». Il ne s'est trouvé que 7 % des personnes interrogées pour les estimer « positives » voire « très positives ». Le verdict des Français dans la crise est sans appel, quand bien même le quart d'entre eux vivent-ils des exportations.

Face à la situation économique et sociale du pays, 48 % des Français se déclaraient « révoltés » et 30 % « résignés ». Par rapport à un sondage Ipsos sur l'état d'esprit des Français, publié neuf mois plus tôt, la dégradation est apparue brutale : les « résignés » sont passés de 21 % à 30 %, les « révoltés » de 45 % à 48 %, et les « confiants » sont tombés de 18 % à 13 % ! Une surprise : si les sympathisants du Front national sont protectionnistes, à hauteur de 61 %, ils le sont moins que les sympathisants du Parti socialiste et de l'UMP, respectivement favorables à hauteur de 71 et 74 % au relèvement des barrières douanières. Confirmé par d'autres études d'opinion, ce sondage montre que ce ne sont pas les extrêmes, à droite et à gauche, qui réclament des mesures protectionnistes, mais que le rejet du libre-échange est global. Les catégories sociales où le sentiment de révolte prédomine sont les ouvriers (64 %), suivis des artisans et petits commerçants (55 %) et des employés (52 %). Il est le plus faible pour les professions libérales et cadres supérieurs, mais il atteint néanmoins 36 %. Fait notable : l'ancienne opposition entre diplômés et non-diplômés qui avait été mise en avant, lors du référendum rejeté sur la constitution européenne de 2005, n'existe plus.

Forts du soutien de l'opinion publique, les adeptes français du protectionnisme – européen, bien sûr – ont, bien sûr, exulté. « L'identification des méfaits du libre-échange sur l'économie française apparaît à une grande majorité de Français et dépasse les cadres politiques », triomphe Jacques Sapir, auteur de nombreux ouvrages sur le sujet. Pour lui, comme pour le site d'information Mediapart, la « mondialisation heureuse » n'existe que « dans certains journaux ou sous certaines plumes ». Pour Emmanuel Todd, ce sondage est l'occasion de « lever le tabou » du protectionnisme. « Le libre-échangisme est devenu un dogme indiscutable de l'économie libérale, comme si le remettre en question revenait à faire un pas en arrière », déplore-t-il.

Adeptes du vrai politiquement correct, souvent marqués à gauche, actifs dans les cercles alternatifs, les tenants français du protectionnisme n'ont de cesse de se démarquer de l'extrême droite dont ils sont pourtant, sur ce plan, très proches. Philippe Murer estime que la société française doit se saisir du débat sur le protectionnisme : « On ne peut pas laisser au seul Front national ces questions, car les sondages montrent que l'ensemble des Français se les posent. » Le professeur de finances à la Sorbonne ajoute : « Le protectionnisme n'est pas labellisé Marine Le Pen, puisque le Front de gauche, Arnaud Montebourg ou le souverainiste Nicolas Dupont-Aignan se revendiquent également protectionnistes. » De son côté, Emmanuel Todd se présente comme « démondialiste », adepte d'un « protectionnisme raisonné ». Selon lui, cette doctrine – dont on avoue mal discerner les fondements – est « une branche de la pensée libérale et ne signifie absolument pas une fermeture et un repli économique et social sur les frontières nationales comme le préconise Marine Le Pen ». Pour ne pas être associé au diable, Todd se définit donc comme un libéral-protectionniste ! De quoi se pincer…

D'où vient cette singularité française ? Elle est avant tout historique, dans un pays longtemps agricole, centralisé, admiratif des manufactures d'État, plus porté à la production qu'au commerce. Un pays nationaliste. Toujours adepte des grands projets, venu dans la modernité sur le tard et comme à contrecœur. Au cours de la période récente, depuis qu'il a déferlé sur le monde, aucun homme politique français important n'a assumé le libéralisme et ses avantages. Le cas de François Mitterrand est exemplaire : il a entériné le virage libéral de la France, en

1983, avec le choix de l'Europe et de la monnaie unique, sans jamais l'assumer publiquement. Chirac, lui aussi, a toujours biaisé. « Depuis Valéry Giscard d'Estaing, plus personne, à un haut niveau politique, n'assume ni n'a fait la pédagogie de l'économie, mis à part Dominique Strauss-Kahn », déplore Alain Minc. Les échecs de Raymond Barre à la présidentielle de 1988, d'Édouard Balladur à celle de 1995, ont servi de leçon : dans ce domaine, en France, mieux vaut avancer masqué ! Une leçon qu'a bien retenue François Hollande.

Face à cette déferlante populaire et populiste, que l'on peut aussi qualifier de poujado-gaucho-lepéniste, que pèsent désormais les tenants du « cercle de la raison » ? Ils sont toujours aux manettes, mais pour combien de temps encore ? La percée de l'ancien comique Beppe Grillo aux élections italiennes montre que tout est possible.

Politiquement, leurs arguments ne pèsent plus. Qui écoute Pascal Lamy, directeur général de l'Organisation mondiale du commerce (OMC), lorsqu'il rappelle qu'Airbus provient de 40 pays différents, un téléphone Nokia de 16 pays, que Renault assemble sa Clio dans 5 pays, avec des composants venus d'une trentaine d'autres ; ou que la valeur ajoutée de la Chine dans le prix d'un iPad, bien qu'assemblé dans les usines géantes de Foxcom à Chengdu, n'est que de

3,6 %, contre 36 % pour le Japon, 17 % pour l'Allemagne, 13 % pour la Corée du Sud, 6 % pour les États-Unis, 24,4 % étant importés de divers autres pays ? La batterie, les processeurs et l'écran, notamment, sont importés par la Chine. Dans ce contexte, alors que triomphe le Made in World, quel est le sens du Made in China ou du Made in France, marinière Armor-Lux ou pas ? Le commerce mondial croît toujours plus rapidement que les PNB des pays qui le pratiquent. C'est dire que cette division des tâches planétaire – qui fait de la Chine, pour le moment et pour un temps, l'usine d'assemblage du monde – est irréversible, à moins d'une augmentation massive et durable du prix de l'énergie et donc du transport. Les porte-containers de 400 mètres de long ont permis de diviser par 50 le coût de la tonne transportée et ce n'est pas demain que cette tendance s'inversera : les capacités en construction sont supérieures à celles qui sont aujourd'hui en service !

Pascal Lamy répète partout que le monde est une gigantesque usine intégrée, que « les chaînes de valeur mondiales nous lient ensemble ». Mais qui l'écoute en France et surtout qui l'entend ? Qui reconnaît que l'Union européenne figure au troisième rang du classement des pays qui utilisent le plus souvent les mesures anti-dumping ? Cela signifie que l'Europe se défend face à la concurrence internationale. Ainsi, entre 2008 et

2011, l'Union européenne a activé 40 mesures anti-dumping, soit à peine moins que les États-Unis. De plus, en matière d'agriculture et d'industrie textile, l'Union européenne reste une zone très protectrice. La France a par exemple mis en place 61 mesures jugées discriminatoires, soit autant que la Chine. Sont notamment concernées les subventions à l'agriculture et à la pêche.

Sait-on que les viticulteurs chinois accusent les producteurs européens de pratiques anticoncurrentielles ? Pour eux « l'Union européenne subventionne lourdement son industrie viticole », laquelle aurait « la claire intention de vendre son vin à perte sur le marché chinois ». La Chine menace d'établir des droits antidumping qui entraîneraient une hausse des taxes sur les importations des vins étrangers déjà imposés à hauteur de 48 %. C'est à l'évidence une réponse aux mesures antidumping lancées par la commission Européenne sur les importations de panneaux solaires chinois.

La controverse au sujet du protectionnisme sur les produits industriels est donc, à l'évidence, un débat d'arrière-garde, comme la France plaît souvent à s'y complaire. Le seul protectionnisme sérieux est monétaire. Les Occidentaux reprochent depuis longtemps à la Chine de sous-évaluer le yuan afin de rendre son économie plus compétitive. Alors que la Chine est entrée dans l'OMC, en 2001 sans contreparties, ni sociales, ni environnementales, ce qu'Arnaud Montebourg a reproché à Pascal Lamy.

Le protectionnisme monétaire ? C'est la solution de repli et de facilité des protectionnistes français qui avancent masqués, derrière Sapir, Todd, mais aussi Mélenchon, Dupont-Aignan ou l'ancien banquier Philippe Villin. Abandonner l'euro, revenir à un franc sans cesse dévalué, voilà le rêve éveillé de nos somnambules. En janvier 2001, entre autres, Emmanuel Todd s'était découvert : « Je serais très étonné que l'euro, dans sa forme actuelle, survive à l'année 2011 », avait-il déclaré. Mais là encore, il s'agit d'une voie sans issue : « Les détracteurs de l'euro fort, voire de l'euro tout court, sont dans une impasse, constate Alain Minc, car les Allemands, mais aussi les Italiens et les Espagnols, dont la balance commerciale est équilibrée, ne sont pas prêts à faire entrer l'euro dans la guerre des monnaies. » Le temps des boucs émissaires ou de faux-fuyants est bien terminé. Même en France.

4. Robert Barro, l'idole des austériens

Pas besoin des moustiquaires d'Esther Duflo dans cette station de ski. L'air est sain, le décor naturel, somptueux. Et chaque année s'y retrouvent les puissants de ce monde… Davos ? Non, Jackson Hole. Nous sommes au beau milieu du Wisconsin, un État américain perdu du côté de nulle part, connu pour son herbe verte et ses immenses forêts. Le complexe hôtelier du Four Seasons offre une ambiance chalet conviviale propice aux échanges intellectuels, avec ses fauteuils club en cuir, sa charpente apparente, ses cheminées en pierre et ses vastes terrasses. Les courageux peuvent aller escalader les célèbres monts Tétons qui dominent la bourgade. Pas besoin de skis ou de raquettes, il suffit d'une bonne paire de baskets, puisque le symposium international de Jackson Hole se tient au mois d'août.

Autre grande différence avec le World Economic Forum qui a lieu chaque hiver depuis 1971 dans le canton suisse des Grisons : on est ici entre gens sérieux, à l'écart de la mode, des frimeurs et des médias. Jackson Hole réunit une centaine d'experts de très haut vol triés sur le volet. On est loin du barnum qu'est devenu Davos. Alors que Klaus Schwab, l'organisateur des festivités de la mondialisation à la sauce helvétique, adore se faire de la publicité en invitant des vedettes, on ne croisera jamais à l'*economic policy symposium* de Jackson Hole le chanteur Bono ou l'actrice Sharon Stone. Les hommes politiques – jugés ici trop souvent médiocres intellectuellement – ne sont pas, non plus, les bienvenus. Les journalistes sont tout juste tolérés, mais bien à l'écart. Et sous contrôle : on leur communique les textes rédigés à l'avance des différents intervenants. Les agenciers de Reuters ou de Bloomberg les dissèquent et envoient aussitôt les phrases les plus significatives à leur desk qui les relaie instantanément chez les abonnés, dans les salles de marchés de Wall Street ou de la City.

Car pendant quelques jours, chaque été, le centre du monde est ici. C'est un certain Roger Guffey, président de la Reserve Bank de Kansas

City, un des établissements affiliés à la Réserve fédérale des États-Unis, qui eut l'idée de réunir en un même lieu banquiers centraux et économistes pour deviser sur l'avenir du monde. En 1978, pour la première édition consacrée au commerce mondial agricole, on rameuta quelques experts et le sénateur du coin. Mais dès 1982, le symposium délaissa pour de bon les sujets sur l'avenir des petites exploitations ou des ressources en eau. La manifestation prit alors ses quartiers au pied des monts Tétons pour parler cette année-là de « la politique monétaire des années 1980 ». Parmi les invités, James Tobin, tout juste auréolé de son prix Nobel d'économie, qui livra une critique constructive du modèle Tinbergen-Theil avant de disserter sur le mix entre la politique fiscale et monétaire. On l'a compris, on est ici entre professionnels et les « éléments de discussions », comme de vrais articles académiques, sont truffés de notes de bas de page. Une bonne occasion pour les professeurs de Harvard ou Chicago de se jauger et surtout d'entrer en relation directe avec ceux qui pilotent vraiment l'économie mondiale : les banquiers centraux.

Ainsi, Jackson Hole est peu à peu devenu une sorte de congrès international de la politique monétaire. C'est ici, en 1990, que les argentiers occidentaux firent le point avec leurs collègues banquiers centraux de l'ex-URSS sur la façon de gérer la désintégration du communisme. Le président de la Réserve fédérale, Ben Bernanke, est bien sûr un habitué. Doté d'un solide bagage académique, ancien de Harvard et du MIT, ce quinquagénaire à la barbe bien soignée se sent ici chez lui. Et c'est au pied des monts Tétons, en août 2010, qu'il pérennisa sa politique de « *quantitative easing* » qui consiste à intervenir de façon massive et accommodante sur les marchés « si la situation l'exige » – voilà le bout de phrase retenu par les salles de marchés – afin d'accompagner et favoriser la relance économique. En clair, il s'agit d'une pratique aussi simple que rustique : faire marcher à grande vitesse la planche à billets, ou, en termes plus choisis, faire de la création monétaire. Il est vrai que cet été-là, la conjoncture n'est pas bonne. La croissance américaine a été révisée à la baisse à 1,6 % et le taux de chômage pointe à 9,5 %. Les marchés mettront quelques séances à bien comprendre le sens du discours. Mais le message finira par passer : la banque centrale est prête à faire tourner les rotatives et imprimer des centaines de milliards de dollars pour sortir l'économie américaine de l'impasse. Les spécialistes parlent de « QE2 » (prononcer kiou-i-tou), de politique monétaire non orthodoxe, ou plus simplement d'épandage de dollars. Aux commandes de son avion, le pilote de la Réserve fédérale, cet été-là, à Jackson Hole, est venu expliquer qu'il était prêt à vider ses soutes et arroser massivement l'Amérique pour éteindre l'incendie de la crise.

Au déjeuner, Jean-Claude Trichet prend la parole. Le président de la Banque centrale européenne tient un tout autre discours. Il est vrai que malgré le doute qui s'instille sur la capacité de certains États membres à rembourser leurs dettes, l'Union européenne ne va pas si mal. Le rythme de croissance y est alors deux fois plus élevé qu'aux États-Unis, à près de... 4 %. Un spectaculaire rebond que le maître de la BCE attribue en grande partie à la crédibilité de son institution. Quand les gouvernants laissaient filer les déficits et s'asseyaient sur les engagements contractés lors de la signature du traité de Maastricht, la Banque centrale tenait bon le cap, s'accrochant de façon efficace à son objectif de maîtrise de l'inflation dans la zone, offrant un socle solide à la croissance. Alors, devant les convives de Jackson Hole, le père de l'euro fait ce jour-là la leçon. À la différence de son collègue Bernanke, Trichet n'est pas un économiste. Comme tout inspecteur des Finances, il est censé tout savoir sur tout, mais en vérité, il n'a comme bagage théorique que les quelques rudiments enseignés, il y a fort longtemps, à l'École nationale d'administration. Jean-Claude Trichet n'a jamais pondu de thèse économique ou enseigné cette discipline. Peut-être développe-t-il un complexe sur le sujet ? Toujours est-il qu'il aime, par-dessus tout, faire état de ses compétences et citer ses classiques. Lors de son discours – qui sera mis en ligne sur le site de la Banque centrale européenne –, il se réfère à plusieurs reprises à David Ricardo, célèbre économiste britannique du XVIIIe siècle et aux travaux de ses disciples.

Robert Barro a ainsi droit à deux citations. Avec sa bonne bouille et ses cheveux frisés, ce professeur de Harvard, qui depuis plusieurs années est considéré comme susceptible de recevoir le prix Nobel, est une vedette. Il tient la dragée haute au Nobel keynésien Paul Krugman – « un type qui ne se comporte pas comme un économiste » – et publie chronique sur chronique dans le *Wall Street Journal*. Il continue aussi de produire une abondante littérature académique en se préoccupant, par exemple, de la façon de monétiser l'avantage comparatif qu'est... la beauté. C'est à l'âge de trente ans, tout juste diplômé d'Harvard, que Barro a, pour la première fois, fait parler la poudre. Il publie en 1974, dans le *Journal of political economy*, l'un des textes fondateurs de l'économie néoclassique. Alors que le monde se débat dans la crise liée au choc pétrolier, alors que des plans de relance keynésiens se mettent en place, le jeune universitaire met à bas, en quelques pages, la pensée dominante. Pour ce faire, il ressuscite une vieille théorie énoncée en

1817 par David Ricardo. Ce dandy issu d'une famille de juifs portugais, agent de change à la City puis membre du Parlement, s'interrogea comme beaucoup de ses contemporains sur les conséquences économiques des guerres napoléoniennes et la façon dont elles grevèrent les finances publiques du Royaume.

Le premier enseignement de Ricardo ? L'équilibre budgétaire est source de paix. Si la Grande-Bretagne s'était astreinte à cette discipline à la signature du traité d'Amiens, en 1802, elle n'aurait pu financer l'effort de guerre contre Napoléon. Ricardo, premier point, est, comme Barro, un provocateur. Plus sérieusement, l'auteur *Des principes de l'économie politique et de l'impôt* constate que les particuliers combleront le trou des finances publiques sous la contrainte via l'impôt, ou par intérêt, en souscrivant à des emprunts d'État. Quelle que soit la méthode utilisée, il s'agit d'un transfert d'argent des particuliers vers les caisses du Royaume, ce qui ne change pas grand-chose à court terme : on parle « d'équivalence ricardienne ». Mais à long terme, c'est un peu différent. L'État doit payer chaque année des intérêts à ses créanciers, mais pas aux contribuables. Ceux qui possèdent la rente, les plus riches, ponctionnent les impôts payés par tous. La dette publique est donc un facteur d'inégalité, une forme de transfert financier favorisant les plus aisés.

En 1919, à trente-six ans, l'économiste britannique John Maynard Keynes, comme son devancier, s'est penché sur les conséquences de la guerre dans *Les Conséquences économiques de la paix* – il s'agit cette fois de celle de 14-18 – pour rejeter les postulats de Ricardo qu'il qualifiait de « Torquemada », le nom du grand inquisiteur espagnol. Pour Keynes, la dette publique, si elle s'accompagne de création monétaire, n'est pas néfaste : bien utilisé par la puissance publique, l'argent collecté par l'emprunt permet de créer de la croissance qui compense largement les effets négatifs décrits par Ricardo. En 1972, le keynésien Robert Solow détaille par le menu les effets de ce « multiplicateur ». L'article, cosigné par une étoile montante de Princeton, le trentenaire Alan Blinder (il conseillera par la suite Bill Clinton), a agacé au plus haut point Barro qui, durant toute la suite de sa carrière, s'efforcera de mettre à bas l'inanité de la pensée néokeynésienne. Il sera, avec Robert Lucas et Thomas Sargent, dans le sillage du grand Milton Friedman, un des wonder boys de la révolution néolibérale américaine.

Chef de file de ces « néoclassiques », Friedman, lors d'un discours en 1968 devant l'American Economic Association, a remis en cause le dogme du lien entre chômage et inflation. Selon la célèbre courbe inventée en 1958 par l'économiste néo-zélandais Alban William Phillips, il n'y a pas d'inflation quand il y a du chômage. Mais avec le choc pétrolier de 1973 le bel ordonnancement néokeynésien de la « courbe de Phillips » se dérègle. Inflation et chômage se conjuguent désormais ensemble et la contre-révolution de Friedman et de ses boys peut se mettre en marche. L'article de 1974 de Robert Barro en est l'un des manifestes. Les keynésiens Solow et Blinder s'amusent avec le multiplicateur ? Le néoclassique Barro fait de même avec l'équivalence ricardienne. Partant du postulat que les agents économiques ne sont pas idiots, qu'ils anticipent l'avenir de façon rationnelle, un des fondements de la pensée néoclassique, Robert Barro explique que la relance financée par le déficit est mortelle pour la croissance. L'impôt ponctionne directement le pouvoir d'achat. Et les emprunts ont l'effet équivalent, puisque les gens savent bien que l'État devra demain lever des impôts pour payer les emprunts d'aujourd'hui. Du coup, en bons agents économiques rationnels, ils anticipent et se mettent à épargner, ce qui réduit d'autant la consommation.

Pour Barro, il n'y a pas de multiplicateur : « Pour chaque dollar emprunté et dépensé par l'État, les dépenses ailleurs dans l'économie baissent au moins d'autant. » Le banquier français

Jean Peyrelevade, ancien collaborateur du Premier ministre socialiste Pierre Mauroy, un temps proche de François Bayrou – seul homme politique français à avoir osé prôner ouvertement une politique de rigueur pendant la campagne présidentielle de 2012 – résume la théorie de la façon suivante : « Les ménages anxieux de la situation des finances publiques épargnent davantage en prévision de la hausse des impôts à venir, qu'ils savent inéluctable. L'emprunt a, d'un point de vue comptable, un effet identique à l'impôt, mais comme il est indolore, les tentations d'accumuler de la dette publique sont plus importantes, au risque d'aboutir à une faillite d'État. »

À Jackson Hole, durant le déjeuner, Jean-Claude Trichet pousse le raisonnement jusqu'au bout : « Une réduction crédible du déficit public via des réductions de dépenses aboutit à ce que le secteur privé anticipe une baisse de la pression fiscale, [...] ce qui peut générer à la fois un accroissement de la consommation et de l'investissement. » Pour sortir de la crise il n'y a, à ses yeux, qu'une seule solution : réduire le déficit public. Et pour réduire le déficit, il n'y a qu'une seule solution : réduire les dépenses publiques.

C'est à peu près l'inverse de ce que font les gouvernants des grands pays depuis 2008 en lançant d'abord des plans de relance qui creusent les déficits. Ce qui rend fous les néoclassiques.

Robert Barro s'énerve contre la politique de « stimulation » mise en place par Barack Obama avec la complicité de Ben Bernanke qu'il qualifie de « plus grande catastrophe économique depuis les années 1930 ». Avant de quitter la présidence de la BCE, fin 2011, Jean-Claude Trichet fera tout pour que ses ouailles européennes tournent le dos à cette facilité et pratiquent non pas la relance, mais l'austérité. Le 5 août 2011, dans une lettre confidentielle au président du conseil italien, Silvio Berlusconi, il lui demande expressément de réduire le traitement de ses fonctionnaires, s'il veut que la Banque centrale européenne lui vienne en aide sur les marchés. Rome, comme Athènes et Madrid finiront – sous pression – par obtempérer, après avoir changé de gouvernement.

L'effet Ricardo-Barro viendra peut-être, mais on l'attend toujours. Pour l'instant, cette politique a plongé ces pays dans la récession. Exemple de bonne anticipation rationnelle, Jean-Claude Trichet, lors de son déjeuner de Jackson Hole, en 2010, a paré d'avance les critiques. Pour lui, tout doit être jugé sur le long terme. Pour convaincre, il cite comme à son habitude une litanie de statistiques de plusieurs pays ayant réussi à redresser leurs économies en se serrant la ceinture, comme la Belgique de 1994 à 2007 ou la Grande-Bretagne après la Seconde Guerre mondiale, un cas que cite souvent Barro.

Les économistes libéraux aiment citer d'autres exemples de pays – le Canada ou la Suède – s'étant redressés grâce au remède de cheval du professeur Barro. C'est-à-dire via une réduction du déficit appuyée sur une baisse des dépenses publiques et non par l'augmentation des impôts.

Durant l'été 2012, le président français François Hollande, fraîchement élu, a publiquement accepté de réduire à 3 % le fameux ratio du déficit public sur le produit intérieur brut. Une concession faite à l'Allemagne d'Angela Merkel et aux agences de notation de crédit. Il est décidé, pour ce faire, non de diminuer les dépenses mais d'augmenter de 20 milliards d'euros la pression fiscale en France, pour moitié sur les ménages, pour moitié sur les entreprises. Une hérésie, selon les adeptes de Robert Barro. « Un ajustement basé sur des coupes dans les dépenses publiques permet de bien mieux préserver la croissance qu'une augmentation de la pression fiscale », explique, durant ce même été, l'économiste italien Alberto Alesina, professeur à Harvard. Alors que les gouvernements européens, convertis de gré ou de force à l'austérité, essayent de faire avaler à leurs opinions publiques des hausses d'impôts, il publie un article retentissant. Avec Carlo Favero et Francesco Giavazzi, qui enseignent à la Bocconi, la prestigieuse université milanaise que dirigea Mario Monti, ils sortent un petit livre jaune mettant les choses au clair.

Au terme d'une laborieuse étude des politiques publiques menées dans 21 pays, après avoir décortiqué des montagnes de séries statistiques et analysé 107 plans de relance sur une quarantaine d'années, ils prouvent qu'il ne suffit pas de mettre en place de douloureux plans de redressement des finances publiques pour sortir de la crise. Lorsqu'ils sont assis sur des hausses d'impôts, ces ajustements budgétaires s'accompagnent de « récessions profondes et durables ». À l'inverse, les réductions de dépenses, elles, sont associées « à des récessions peu importantes et courtes, voire à pas de récession du tout ». Pour académiques qu'ils soient, ces travaux font l'effet d'une bombe. Ils sont en effet publiés par le National bureau of economic research (NBER). Une institution, créée en 1920, qui est devenue le plus grand think tank économique américain – donc du monde – pour lequel ont travaillé une vingtaine de prix Nobel. Le texte donne du grain à moudre aux libéraux.

Seule consolation pour les néokeynésiens : leurs adversaires n'arrivent pas à prouver l'histoire des anticipations rationnelles des agents économiques qui craignent des hausses d'impôts. Mais peu importe, les travaux publiés par le NBER font leur effet. Et pour les keynésiens qui, avec les Nobel Paul Krugman et Joseph Stiglitz, mènent campagne contre les « austériens », c'est la divine surprise. Les travaux du NBER prouvent que la plupart des plans de rigueur mis en place en Europe sont une inanité économique. Et même les libéraux doivent en convenir : Jean-Marc Daniel, professeur à l'école de management ESCP Europe, vient à peine de publier un essai intitulé *Ricardo, réveille-toi, Ils sont restés keynésiens* ; et voilà qu'il prend la plume pour critiquer le plan d'austérité que l'équipe de François Hollande est en train de mettre en place. « Maintenir les 3 % alors que nous sommes en récession est idiot », explique-t-il tout de go, fin août 2012. Selon lui, le plan français, parce que fondé sur des hausses d'impôts et non sur des réductions de dépenses publiques, est à la fois inefficace et dangereux.

Patrick Artus, autre économiste français qui n'a pas l'habitude de prôner le laxisme, après avoir décortiqué les travaux d'Alberto Alesina, en appelle aussi au cessez-le-feu : « La France doit différer sa politique de rigueur. » Il a mis en musique et appliqué le petit livre jaune du NBER à la situation du pays. En augmentant la pression fiscale d'un point de PIB, ce qui est le scénario le plus probable, l'économie française se contractera de 0,8 % et le déficit pointera à 3,6 % du PIB en 2013, très loin de la promesse faite alors par

François Hollande aux Français, à Angela Merkel et aux agences de notation. L'entourage du président de la République préfère se référer à une autre étude publiée, le même été, par trois autres économistes italiens qui, eux, travaillent pour le Fonds monétaire international. Nicoletta Batini, Giovanni Callegari et Giovanni Melina ont passé à la moulinette les plans de rigueur menés depuis 2009 et en tirent des conclusions qui n'ont rien à voir avec celles du NBER : « En période de crise, les effets multiplicateurs récessifs de l'austérité basé sur les impôts sont nettement plus faibles que ceux basés sur les dépenses. » Quand Alesina et ses amis voient blanc, Batini et ses collègues voient rouge. Il y a des moments où les économistes deviennent désespérants !

Il faut toute l'habilité d'Agnès Benassy-Quéré, directrice du Centre d'études prospectives et d'informations internationale (CEPII) tout juste nommée à la tête du Conseil d'analyse économique, un organisme censé conseiller le gouvernement français, pour faire la synthèse, en octobre 2012, dans les colonnes du magazine *Challenges* : « La littérature n'est qu'apparemment contradictoire. Sur le long terme il est incontestable que baisser les dépenses est plus efficace, d'abord pour réduire le déficit dans la durée et ensuite pour faire redémarrer, dans le temps, la croissance. Mais à court terme, quand la conjoncture est mauvaise, il est vrai que l'effet immédiat d'un recul des dépenses est plus récessif qu'une hausse des impôts. »

À la Banque centrale européenne, où l'on scrute les plans d'austérité, on est plutôt persuadé que la rigueur est vertueuse, dès lors qu'elle est basée sur une réduction des dépenses. Mais pour l'instant, on ne fait pas dans le détail. On aidera les gouvernements de la zone euro en rachetant s'il le faut leurs dettes publiques sur les marchés et en desserrant l'étreinte du ratio de 3 %, à la condition expresse qu'ils tiennent leurs objectifs de réduction des déficits publics dans des délais impartis. Peu importe la méthode utilisée, il faut une « trajectoire » vertueuse.

Si la BCE aime tant Barro, c'est qu'il a bâti la théorie sur laquelle l'institution de Francfort, créée en 1998, a assis sa crédibilité. Au début des années 1980, avec Robert Gordon, un ancien de Harvard qui enseigne à l'université de Northwestern, ils ont appliqué le concept des anticipations rationnelles aux relations entre les marchés et les banques centrales. Pour qu'il n'y ait pas d'inflation, il faut que les banques centrales soient crues – leurs annonces doivent être crédibles –, ce qui est facilité si elles ont un objectif unique : les prix. Une institution indépendante, dont l'objectif unique est de maintenir l'inflation à un niveau faible, voilà ce qu'est la base de la « vigilance crédible » que le président de la BCE ressert à

Jackson Hole à l'été 2010. Pour l'économiste keynésien français Daniel Cohen c'est bien là le « socle théorique du paradigme néolibéral : la Banque centrale a tout à perdre à risquer sa crédibilité en tentant de stabiliser l'économie ». Rien à voir avec la politique monétaire menée aux États-Unis par Ben Bernanke. Dans une note à ses clients, Patrick Artus, l'économiste de la banque d'investissement Natixis, explique que « la Réserve fédérale n'applique pas du tout la théorie Barro-Gordon : elle est peu indépendante, elle a un objectif mixte inflation-chômage. On voit bien d'ailleurs que Ben Bernanke minimise le risque inflationniste ».

Depuis, le vent a tourné. Jean-Claude Trichet a laissé sa place à l'Italien Mario Draghi, dont la première mesure sera de faire adopter par son conseil, à l'unanimité, une baisse surprise de son taux directeur. Un message fort signifiant que la préoccupation numéro un de l'institution n'est plus l'inflation, mais bien la faiblesse de la croissance économique. Ce soir-là, nous sommes le 3 novembre 2011, Édouard Carmignac est au vernissage de Lashkars, une exposition du photographe Massimo Berruti qu'il sponsorise à la chapelle de l'École supérieure des beaux-arts de Paris. À la tête d'une des principales maisons de gestion indépendantes de la zone euro – plus de 50 milliards d'euros d'actifs –, ce financier, à l'arrêt devant un cliché représentant un milicien pachtoune enturbanné, savoure sa victoire. Il s'est rendu célèbre par ses lettres ouvertes et furibondes adressées à Trichet. Des missives auxquelles le patron de la BCE n'a jamais répondu. Pour Carmignac, c'est un grand jour : « L'Europe peut reprendre espoir, Trichet est parti, et la décision de la BCE est une formidable claque pour lui. »

Autre claque apparente, quelques mois plus tard, quand le 9 janvier 2012 le grand Robert Barro lui-même décide… d'enterrer l'euro. « Il faut inverser le cours de l'histoire et éliminer la monnaie unique, l'euro était une belle et noble expérience, mais elle a échoué », explique-t-il carrément dans les colonnes du *Wall Street Journal*, en détaillant un plan de démembrement monétaire ordonné de la zone en deux ans. Le dogmatisme de Jean-Claude Trichet, l'application à la lettre des théories néoclassiques, sont-ils à l'origine de cette faillite annoncée par le maître ? En mars 2012, lors d'une réunion dans les locaux parisiens de la Commission européenne, le banquier central à la retraite répond à ses détracteurs. Quand on lui fait remarquer que Mario Draghi, son successeur, est plus pragmatique que lui, il rejette toute critique sur sa prétendue rigidité : « Dès le 9 août 2007, nous avons donné de la liquidité de façon illimitée au système financier, tout en maintenant notre doctrine standard sur la stabilité des prix à moyen et long terme ; doctrine qui a servi d'aiguille dans la boussole. »

La responsabilité de la fin de l'euro, si ce désastre se produit, ce ne sera pas de son fait. Jean-Claude Trichet fait remarquer que les principaux pays de la zone – menés par la France et l'Allemagne – ont décidé, dès son arrivée à la BCE, de ne pas appliquer le pacte de stabilité budgétaire en laissant déraper leurs finances : « J'ai eu à supporter ce choc, j'ai protesté avec véhémence et, dès 2005, j'ai écrit à l'Eurogroupe pour souligner combien les divergences de compétitivité au sein de la zone étaient intenables. » Quant au débat sur l'austérité qui nuirait à la sortie de crise, il hérisse le grand homme : « Dire que l'on ne veut pas dépenser plus que ce que l'on gagne ce n'est pas de l'austérité, c'est de la sagesse, du bon sens. » C'est le théorème Barro-Trichet.

5. Nouriel Roubini, le docteur catastrophe

Ils ne seront jamais invités à Jackson Hole. Mais cette centaine de prétendus décideurs se pressent, le 2 mars 2011, à la septième édition des Dîners de l'Atlantique, organisés à Paris par Félix Marquardt, l'ancien directeur de la communication de l'*International Herald Tribune*, pour écouter de nouvelles prédictions apocalyptiques de l'économiste américain Nouriel Roubini, qui a construit sa réputation en ayant prévu la crise des subprimes de 2007 et ses conséquences dramatiques pour l'économie mondiale. Au menu, l'économie européenne dans la crise. Les nouvelles prophéties du gourou sont donc attendues avec impatience par une assistance de journalistes, de responsables politiques et de businessmen…

Dr Doom (Docteur catastrophe) arrive d'un pas pesant et s'assoit sur scène, face à l'économiste, historien et chroniqueur français Nicolas Baverez, censé servir de faire-valoir. Petit, mal fagoté, regard de loup, il est précédé d'une aura qui fait frissonner l'auditoire. Roubini est en effet le fier représentant d'une catégorie d'économistes bien particuliers : ceux qui occupent, du jour au lendemain, tout le champ médiatique, parce qu'ils sont réputés avoir prévu des événements – souvent des crises – qui ont échappé à la plupart de leurs confrères et qui savent en tirer gloire et profit. Dans un monde sans repères, où les économistes, comme les journalistes et les intellectuels, tels des moutons de Panurge, se recopient les uns les autres dans un conformisme souvent confondant, la quête des gourous, des magiciens susceptibles de prédire l'avenir parce qu'ils ont été – par intuition, par réflexion ou par chance – à un moment plus affûtés que les autres, procède souvent de la pensée magique.

Prix Nobel d'économie en 2008, Paul Krugman a ainsi acquis la notoriété, auprès du grand public, en annonçant, dès 1994, la crise des pays asiatiques survenue brutalement en 1997. Son article, publié dans *Foreign Affairs* sous le titre « Le mythe du miracle asiatique » totalement à contre-courant de la mode de l'époque, a vivement irrité à la fois les responsables asiatiques et les admirateurs occidentaux du prétendu miracle. Cette prévision, argumentée, a servi de tremplin à un économiste dont la carrière aurait de toute façon été exceptionnelle (voir chapitre 1). En revanche, qui se souvient d'Abby Cohen, une économiste de Goldman Sachs, dont les prévisions optimistes sur les marchés boursiers, au seuil des années 1990, faisaient la joie de tous les spéculateurs ? Poussée par sa banque, qui entendait ainsi démultiplier l'engouement planétaire pour les investissements boursiers dont elle était la première bénéficiaire, largement survendue, Abby Cohen, pendant plusieurs années, a multiplié les conférences, dans le monde entier en se faisant grassement payer, devant des auditoires là encore subjugués par son optimisme rayonnant sur la hausse des marchés. En oubliant, bien sûr, que les arbres ne montent jamais jusqu'au ciel. Dès que la crise a pointé son nez, que les marchés, au plus haut, ont commencé leur dégringolade, Abby Cohen, prise à contre-pied, a été nommée par Goldman Sachs à la tête de sa division stratégie d'investissement aux États-Unis. Une discrète mise sur la touche qui renvoya l'ex-vedette dans l'anonymat dont elle n'aurait jamais dû sortir.

À quelle catégorie appartient Nouriel Roubini, qui a fait du pessimisme à tout crin sa marque de fabrique, quand Abby Cohen faisait montre d'un optimisme systématique ? Tombera-t-il dans l'oubli comme elle, au premier retour du balancier ou bien fera-t-il une véritable carrière, comme Paul Krugman ? On penche volontiers pour la première hypothèse. Le professeur d'économie à la Stern School of Business de l'université de New York ne semble pas programmé pour recueillir un prix Nobel, ayant poursuivi une carrière de deuxième couteau, sans publications d'intérêt majeur. Il a certes occupé des postes d'enseignement à l'université de Yale ; a été économiste senior, pendant un an seulement, de juillet 1998 à juillet 1999, aux Affaires internationales pour le compte du Council of Economic Advisers, organisation chargée de conseiller le président des États-Unis. L'année suivante, toujours pour un an seulement, il a été conseiller senior auprès du sous-secrétaire aux Affaires internationales. On cherche en vain des déclarations positives sur ses compétences universitaires, à l'exception de celle de son superviseur, Jeffrey Sachs, selon lequel il « avait le talent inhabituel de comprendre les institutions économiques de façon mathématique et intuitive ».

Bref : Nouriel Roubini ne peut faire valoir qu'un C.V. en demi-teinte. Il est surtout connu pour être l'un des grands économistes au profil atypique et mondialisé, participant de ce fait au rêve américain. Fils d'un marchand de tapis, il est né le 29 mars 1959 en Turquie, à Istanbul, dans une famille de juifs iraniens orthodoxes. Il a vécu une enfance nomade : à l'âge de deux ans, son père décide, pour des raisons professionnelles, de retourner vivre à Téhéran. Mais l'antisémitisme croissant conduit la famille à s'exiler vers Israël. C'est ainsi qu'à l'âge de cinq ans, avec ses deux frères qui lui succèdent en l'espace de vingt et un mois, le jeune Nouriel se retrouve à Tel Aviv, où il vivra deux ans. En dépit de la piété de ses parents, au lieu d'être scolarisé dans une yeshiva, il rejoint une école juive internationale, accueillant des étudiants de toutes origines. À huit ans, il se rend en Italie où ses parents se fixent finalement – ils y sont toujours – pour créer une entreprise de vente de tapis d'Orient. C'est là, à Milan, qu'il poursuivra ses études supérieures, avant de rejoindre Harvard, où il décrochera en 1988, à vingt-neuf ans, un doctorat en sciences économiques. Un cursus dont Roubini, à juste titre, est fier : « Issu d'une famille juive iranienne orthodoxe, j'ai un background pour le moins mélangé », résume-t-il. Sa langue maternelle, toujours parlée en famille, est le farsi. Mais Nouriel parle italien et évidemment anglais, avec cependant un accent prononcé.

Les frères Roubini se sont lancés dans la politique dans les années 1970, à une époque où l'Italie était plongée dans la contestation sociale et le terrorisme le plus violent. Selon son plus jeune frère David, Nouriel est devenu un meneur dans les assemblées d'étudiants en colère. « Comme la plupart des enfants de ma génération issus de familles de la classe moyenne supérieure, j'étais impliqué socialement, nuance Nouriel : je voulais construire un monde meilleur et mon intérêt pour l'économie est très certainement venu de mon engagement politique. »

Élevé pour devenir, comme l'était son père, un vendeur haut de gamme de tapis persans, Nouriel Roubini n'y a pas songé un seul instant. C'était même pour lui une sorte de chiffon rouge. De la même manière, il a rejeté le judaïsme orthodoxe de ses parents et n'a jamais voulu s'intégrer à la petite communauté des juifs iraniens de Milan. Son rêve, pendant toute cette période italienne : devenir ingénieur dans l'industrie nucléaire. Pas de faire trembler la planète par ses sombres prévisions…

À la différence de tant d'autres qui réaménagent leurs propos et prises de position a posteriori, nul ne peut faire ce reproche de roublardise à Roubini. Car la crise, il l'a vraiment prévue et l'a même décrite en détail. Dès 2004, après avoir étudié celle subie par les pays émergents, qui finançaient leur balance courante par des emprunts à l'étranger, il prédit que les États-Unis seront probablement le prochain pays à subir un tel choc et commence à exposer ses théories à propos de cet effondrement programmé. Dès 2005, il affirme que le « prix des maisons surfe sur une vague spéculative qui coulera bientôt l'économie ». À Washington, en septembre 2006, il annonce, devant un parterre d'économistes du Fonds monétaire international incrédules, l'arrivée prochaine d'une crise d'une ampleur difficile à maîtriser avec les outils habituels qui, selon lui, allait d'abord provoquer un effondrement du marché immobilier américain suivi d'une récession durable. « Dans les mois et les années à venir, affirme-t-il, l'Amérique va connaître une dépréciation immobilière d'une ampleur qui ne se voit qu'une seule fois dans une vie, un choc pétrolier, une diminution prononcée de la confiance des consommateurs et, ultimement, une grave récession. » Roubini, dans un discours qui fera date, prédit la cessation de paiement sur les hypothèques immobilières, l'effondrement des titres assis sur ces engagements, dont la valeur atteignait des milliers de milliards de dollars américains et, in fine, l'arrêt du système financier mondial.

Un discours totalement inaudible, tant il est à contre-courant. Dans les allées du pouvoir et de la finance, Roubini le marchand de tapis est superbement ignoré. Pis : ses distingués collègues rient sous cape et moquent son pessimisme chronique. Pourtant, comme Cassandre, les faits lui ont donné raison. En août 2007, les premiers symptômes de la crise à venir apparaissent. Mais, alors que tous les responsables économiques et politiques de la planète cherchent encore à se rassurer, Nouriel Roubini réitère ses propos, le 7 septembre 2007, au cours d'une réunion du FMI. Puis, quelques mois plus tard, il annonce très précisément le « risque de faillite d'une grande banque », bien avant le 15 septembre 2008, date de l'effondrement de Lehman Brothers qui restera comme le point de départ de la crise mondiale, financière, puis économique. Docteur Catastrophe prédira encore plus précisément un krach sans précédent du système financier, et le déroulement de la crise financière en deux phases…

À quelques détail près – il pensait que l'effondrement interviendrait plus tôt et dans un déroulé plus rapide –, Roubini avait imaginé le pire et le pire s'est réalisé. Ce qui lui vaudra le surnom de « prophète ». À mesure que ses sombres prédictions se réalisent, Roubini sort de l'anonymat. Roubini Global Economics, sa petite entreprise de conseils, créée en 2004, augmente brutalement ses tarifs : dès 2009, elle facture à plus d'un millier de clients ses prévisions, à hauteur de 7 500 à 100 000 dollars par an selon leur taille et leur surface financière, s'il s'agit d'utilisateurs uniques ou de grandes sociétés et institutions financières. Cette même année, son site Internet The Monitor est désigné comme le premier site économique mondial par le prestigieux magazine *The Economist*. Il devient en quelques mois un intervenant majeur dans les débats économiques aux États-Unis comme dans le reste du monde. Le *New York Times* affirme qu'il est « le sage qui a vu venir » et le magazine *Prospect*, en janvier 2009, l'a mis dans le trio de tête de sa liste des cent intellectuels vivants les plus influents. Il a prononcé des discours remarqués devant le Congrès des États-Unis, le conseil des relations étrangères et le Forum économique mondial de Davos.

En 2009 il est au faîte de sa gloire. Roubini est alors régulièrement consulté par les gouverneurs des banques centrales en Europe et en Asie. Ses tarifs portent la trace de cette nouvelle notoriété : il offre désormais à prix d'or ses consultations personnalisées et parcourt le monde en ne demandant jamais moins de 100 000 dollars de l'heure pour chacune de ses conférences. Roubini se fait payer cher car il mesure bien la précarité de sa situation. « Vous devez avoir raison jour après jour, plaide-t-il en octobre 2011 dans la revue *Institutional Investor* : le fait que j'ai vu juste il y a quelques années ne compte pas. Dans cette activité vous devez avoir raison en permanence et cela nécessite beaucoup de travail parce que nous ne sommes pas des prévisionnistes économiques traditionnels. Nous ne prévoyons pas les changements immédiats de l'inflation ou de l'emploi. Nous nous concentrons sur des enjeux analytiques complexes en parvenant à relier tous les paramètres entre eux... »

Problème : comme pris à son propre piège, exploitant jusqu'à l'os son fonds de commerce pessimiste, tant depuis les locaux du gratte-ciel de Morton street, à New York que ceux de son bureau de Londres sur High Holborn, Dr Doom va multiplier ses prédictions apocalyptiques sur tous les sujets, en particulier sur l'avenir de l'euro et de l'Europe, allant jusqu'à annoncer la faillite prochaine de la... Belgique ! Il vend au plus offrant ses noires analyses comme le marchand de tapis qu'il n'a jamais voulu devenir :

- Le 22 janvier 2009, il publie avec Elisa Parisi-Capone une étude dans laquelle ils prédisent que la crise financière pourrait coûter jusqu'à 3 600 milliards de dollars à l'ensemble des institutions financières et des maisons de courtages faisant affaire aux États-Unis. Comme l'ensemble du système bancaire américain détient environ 1 400 milliards de dollars en capital, les États-Unis sont donc en situation de faillite technique. Même analyse pour le système bancaire européen.

• Le 27 janvier 2011, lors de la première journée du Forum économique mondial à Davos, en Suisse, Nouriel Roubini cite comme prochains pays européens en passe de tomber l'Espagne et... la Belgique qualifiée de « domino qui vacille ».

• En avril de la même année, Docteur Catastrophe est fidèle à lui-même en annonçant, pour 2013, l'effondrement de l'économie chinoise, en raison des investissements qui créent des surcapacités. Prévision réitérée en octobre. Pourquoi 2013 ? Car il s'agira de la moitié du douzième plan quinquennal, qui visait à accroître la consommation intérieure afin de réduire la dépendance aux exportations. Une politique qui se traduit par des investissements colossaux qui, selon notre Cassandre, créent d'énormes capacités devant conduire à une forte pression déflationniste, à partir de 2013. Nouriel Roubini rappelle que toutes les périodes d'investissement excessif, notamment en Asie du Sud-Est dans les années 1990, se sont terminées « par une crise financière et une période de croissance faible ». Il estime que près d'un tiers des créances des banques chinoises pourraient alors ne pas être remboursées. Même les immenses réserves de change du pays auraient alors du mal à éponger ces dettes. Dr Doom ajoute que ces bouleversements qui menacent le géant chinois auront des lourdes conséquences à l'échelle mondiale, eu égard à la force des liens commerciaux qui unissent la Chine et les autres régions du monde.

• En juin de la même année 2011, c'est la fin de la zone euro qu'il annonce, d'ici cinq ans, dans une tribune publiée dans le *Financial Times* mais également dans une conférence donnée à Singapour. Pour lui, la zone euro n'a jamais été une « zone monétaire optimale », c'est-à-dire un groupement de pays qui a tout intérêt à partager une monnaie unique, en raison des trop fortes divergences économiques et de compétitivité entre les pays qui la composent.

• En mai 2012, il soutient que la Grèce, pour retrouver la croissance, doit quitter la zone euro et adopter à nouveau la drachme. Inversement, le maintien de la Grèce dans la zone euro aurait pour conséquence au moins cinq années de récession supplémentaires. Pour lui, il n'existe aujourd'hui qu'un seul moyen de restaurer la compétitivité des pays périphériques de l'Europe : quitter la zone euro, reprendre des monnaies nationales et dévaluer. Il reconnaît qu'un tel scénario paraît aujourd'hui inconcevable, mais se dit convaincu que dans cinq ans, une telle idée aura fait son chemin, d'autant plus si les économies des pays périphériques stagnent.

• En juillet 2012, il est plus péremptoire encore. Il prédit, pour 2013, « un effondrement de la zone euro, une récession en double creux aux États-Unis, un atterrissage difficile en Chine et dans les autres pays émergents, ainsi que la guerre au Moyen-Orient. « L'année prochaine, nous pourrions assister à une parfaite tempête mondiale », a-t-il conclu.

Ces sombres prévisions ont été recueillies en marge de la réunion du Cercle des économistes à Aix-en-Provence, au cours d'une courte interview que Roubini a accordée (gratuitement !) à Bloomberg TV. Col ouvert mais plus renfrogné et vindicatif que jamais, il voulait commenter le récent scandale qui a éclaté lorsque l'on a appris que des banques manipulaient constamment le taux d'intérêt interbancaire Libor pour augmenter leurs profits ou minorer leurs pertes : « Ce nouveau petit scandale, comme beaucoup d'autres épisodes intervenus récemment, suggère l'idée que rien n'a changé depuis le début de la crise financière. La motivation des banques consiste à continuer de tricher, de commettre des actes illégaux ou immoraux. La seule manière d'y mettre un terme, c'est de démembrer ces supermarchés de la finance. » Et il ajoute : « Les banquiers sont cupides. Ils le sont depuis mille ans. La question est moins de savoir s'ils sont plus rapaces aujourd'hui qu'il y a mille ans que d'être certain que l'on peut en minimiser les risques. L'une des façons d'y parvenir est de séparer les activités de telle sorte que vous minimisiez les conflits d'intérêts. Sinon cela se reproduira encore et encore. » Et encore : « Personne n'est allé en prison depuis la crise financière [...] Peut-être que cela serait une bonne leçon pour les autres, si certains banquiers devaient aller en prison. Ou si l'un d'entre eux était pendu dans la rue. »

Pendre les banquiers ? Roubini a son avis sur tout et l'exprime sans nuances. Cette interview à Bloomberg marque un tournant. Sa description apocalyptique, livrée sur un ton monocorde, est si excessive que ses propres fans en sont restés sur le flanc. Quant à ses collègues, qui se sont remis à le dénigrer, ils déplorent une forme de mégalomanie et une volonté délibérée de surexposition : dans le film *Wall Street 2*, d'Oliver Stone, il apparaît notamment dans son propre rôle.

Au cours de ce débat des Dîners de l'Atlantique, en mars 2011, à Paris, avec sa voix sourde, monocorde, et son fort accent oriental, Roubini a défendu mordicus l'idée d'une séparation bien organisée de la zone euro, selon lui préférable à un éclatement tardif désordonné : « Mettre fin de manière anticipée à la zone euro permettrait de sauver le marché unique et l'Union européenne, explique-t-il : une tentative futile d'éviter l'éclatement de la zone euro pendant un an ou deux – en gaspillant des euros par milliers de milliards en financement public supplémentaire par les pays du centre – signifierait une débandade désordonnée, avec la disparition du marché unique en raison de l'introduction de mesures protectionnistes un peu partout. Si l'éclatement est inévitable, retarder l'échéance augmentera encore le prix à payer. »

Mauvais orateur, il récite ses propos sans jamais s'interrompre pour observer l'effet de ses dires sur son auditoire qui, ce jour-là, se montrera déçu par sa prestation. Venus connaître le grand frisson, les participants ont entendu une description laborieuse de la situation économique. L'air de Paris ? Roubini s'est montré moins pessimiste qu'à l'accoutumée : les États-Unis vont mieux, la double dépression n'a pas eu lieu, la croissance des pays émergents n'est pas remise en cause, les difficultés de l'Europe pourront être surmontées si chacun y met du sien. Un point de vue nuancé, sans aspérités et surtout très conformiste qui a endormi l'enthousiasme dépressif de tous ceux qui attendaient que Cassandre leur annonce une fois de plus la fin du monde. Fidèle à sa réputation, son challenger et faire-valoir Nicolas Baverez s'est montré à la fois plus clair, plus précis, plus convaincant et, finalement, plus pessimiste que lui, en exprimant un point de vue apocalyptique argumenté : il a pointé les graves risques qui planent sur le Vieux Continent, celui d'un déclassement vis-à-vis de la Chine et des États-Unis pour devenir un nouveau tiers-monde à l'écart des deux grands et de la mondialisation. À moins d'un sursaut rapide dont on voyait mal ce qui pourrait le rendre possible…

Roubini a conclu qu'il avait enfin trouvé, avec Baverez, plus noir que lui. L'espace d'une soirée à 100 000 dollars, après une journée remplie d'interviews pour entretenir le mythe, le gourou fatigué a montré les limites de son personnage. En 2014, l'économie devrait rebondir de 3 %. Il va lui être de plus en plus difficile de surfer sur la vague du pessimisme.

6. Joe Stiglitz et Paul Krugman, les stars du néokeynésianisme

Bien que situés du côté de Jean-Luc Mélenchon, selon les critères politiques français, ils sont respectés et écoutés, bien au-delà des États-Unis. Écoutés, mais guère entendus par les dirigeants politiques, en tout cas pendant cette première décennie du XXIe siècle, encore dominée par les idées libérales. C'est ainsi qu'au début de son premier mandat, le 27 avril 2009, Barak Obama convie à dîner à la Maison-Blanche plusieurs économistes réputés pour leur sens critique, parmi lesquels Paul Robinson Krugman et Joseph Eugene Stiglitz, respectivement professeurs à Princeton et à Columbia. Au menu, rôti de bœuf, pommes sautées et brocolis. Le président des États-Unis questionne et écoute les deux sommités. Elles réclament une mise au pas du système bancaire qui a conduit l'Amérique – et l'Europe par ricochet – au bord du gouffre. Rien n'a filtré de ces échanges que Krugman n'a même pas évoqués dans son blog bi-hebdomadaire au *New York Times*. Mais un humoriste américain s'est amusé d'imaginer la conversation en ces termes : « Si vous ne nationalisez pas Citigroup et la Bank of America, affirme Krugman, vous prouverez au peuple américain que la Maison-Blanche est contrôlée par Wall Street ; monsieur le Président, votre plan pour sauver le système bancaire est carrément un vol du peuple américain, ajoute Stiglitz. Réponse d'Obama : Comment aimez-vous votre rôti ? À point ou saignant ? »

Ce n'était qu'une plaisanterie, mais elle a fait le tour des États-Unis, tant elle correspond à la réalité telle que l'ont perçue les milieux de la gauche américaine, qui avaient rêvé de voir Obama mettre la finance au pas. La déception des deux prix Nobel devant les renoncements du président a été considérable. Pendant tout son premier mandat, ils n'ont pas ménagé leurs critiques. En s'attaquant particulièrement au club des trois personnalités qui, autour du Président, ont piloté la politique économique américaine : Lawrence Summers, ancien conseiller à la Maison-Blanche, Tim Geithner, secrétaire au Trésor et Ben Bernanke, président de la Réserve fédérale. Sous leur influence,

Obama a commis, selon eux, « une erreur historique » en rechignant à réformer radicalement le système financier. « Comme Bill Clinton avant lui, il s'est montré opportuniste et a manqué de courage », affirme Joseph Stiglitz. « Obama s'est laissé intoxiquer par son administration, a laissé sa volonté affichée pendant sa première campagne se dissoudre dans l'idéologie dominante », ajoute Paul Krugman.

Le cas le plus significatif de changement d'attitude à l'épreuve du pouvoir est celui le Larry Summer. Celui-ci faisait partie d'une nouvelle génération de néokeynésiens, avec Krugman et Stiglitz, mais aussi Gregory Mankiw, George Akerlof, Olivier Blanchard, Stanley Fischer, David Romer, Edmund Phelps et quelques autres... Tous conservent de Keynes deux principes essentiels : à la différence d'Adam Smith et des libéraux, ils ne croient pas à la pureté des marchés mais soulignent au contraire leurs imperfections et estiment nécessaire et utile l'intervention des États. Mais cette nouvelle école intègre les acquis de la microéconomie et les apports des néoclassiques, en admettant que le chômage, lié à l'insuffisance de la demande, l'est aussi à l'offre, c'est-à-dire qu'il résulte en partie de la rigidité du travail et des difficultés à gérer la main-d'œuvre. Or Larry Summer, en conseillant Obama, s'est rangé sans complexe parmi ceux qui l'ont dissuadé de réformer le système bancaire. Oubliée la nécessaire intervention des États pour rectifier les dérèglements économiques !

Le prix Nobel 2008 Paul Krugman se réfère volontiers à l'œuvre de Franklin Roosevelt, qui avait redressé l'économie après la grande crise des années trente en resserrant le tissus social. Tout a été détruit par des idéologues, ainsi que « par une poignée de super riches et un certain nombre de grandes entreprises qui avaient à gagner à la montée des inégalités devenues, en terme de revenus, aussi fortes que dans les années 1920 » c'est-à-dire avant Roosevelt. Obama a commis l'erreur de s'en remettre à la « main invisible du marché » et « d'écouter le radotage d'une clique ultralibérale ». Krugman est là sur son terrain de prédilection, lui qui n'a cessé de démontrer que la main des marchés distribue parfois de mauvaises cartes et lui fait commettre de lourdes erreurs. Ceux-ci, ivres de leurs excès, ont failli : il réclame un nouveau New Deal.

La théorie est une chose, la pratique en est une autre. À l'approche de novembre 2012, la radicalisation de la campagne électorale a ramené à grande vitesse nos deux Nobel dans le camp démocrate : eux qui avaient acquis leur notoriété en critiquant violemment George Bush et les néoconservateurs (« néocons », disent les francophones) qui l'entouraient, se sont affolés du risque de voir la droite américaine, de plus en plus conservatrice, en la personne de Mike Rooney, revenir au pouvoir. Ils ont donc mis un mouchoir sur leurs réticences et soutenu Barak Obama sans état d'âme. Ce qui leur permet de revenir à la charge.

Seront-ils, cette fois-ci, écoutés ? Les temps ne sont plus les mêmes et les mouches sont en train de changer d'âne. Le courant de pensée des post keynésiens, qui prône le retour de l'État, est en passe, crise aidant, de s'imposer dans de nombreux pays, à commencer par les États-Unis, où le balancier, on le sait, va souvent d'un extrême à l'autre. Pour Joseph Stiglitz, Paul Krugman et leurs disciples, l'heure de la revanche a sonné, après tant de dénigrements. Leur traversée du désert a été longue. Depuis les années 1970, Joe Stiglitz, l'inventeur du concept de « trappe à liquidité » était lui-même passé à la trappe idéologique et politique. Pendant trente ans, on a vu les keynésiens raser les murs : ils étaient accusés au mieux de ringardise, au pire de communisme, parce qu'ils défendaient l'idée que le marché n'avait pas réponse à tout et qu'il revenait aux États d'en contrôler le fonctionnement et d'en combattre les dérives. Ils ont été écrasés par l'idéologie dominante, le libéralisme monétarisme de Milton Friedman et de l'école de Chicago. Tous ses membres étaient convaincus que c'est leur corpus idéologique ultra-libéral – plus encore que la guerre des étoiles, lancée par Ronald Reagan et assurant, à un coût faramineux, la suprématie militaire des États-Unis – qui a provoqué la chute de l'URSS et l'effondrement du communisme. Ces idées ultra-libérales ont été spectaculairement relayées par Ronald Reagan aux États-Unis et par Margaret Thatcher en Grande-Bretagne.

Joseph Stigitz et Paul Krugman sont les leaders incontestés de cette école de pensée qui prône le retour des États au centre du jeu économique, non seulement comme régulateurs, mais aussi comme acteurs. Sans tomber dans les excès du « keynésianisme hydraulique », pratiqué au cours des années 1960, où on percevait l'État comme le pilote unique d'une grande machine économique, capable de manipuler à sa guise les leviers politiques, budgétaires et monétaires pour la relancer lorsqu'elle faiblit, ou la freiner, en cas de surchauffe.

Si plusieurs concepts keynésiens sont revenus à la mode, la théorie principale, celle du multiplicateur d'investissement a, dans la crise et la mondialisation, montré ses limites. Le schéma est le suivant : pour relancer l'économie, un État injecte une masse de liquidités, à travers sa politique budgétaire. Une partie sera épargnée, l'essentiel sera consommé, ce qui va conduire les entreprises à investir pour répondre à la nouvelle demande. D'où création d'emplois et donc des revenus supplémentaires, ce qui augmente la demande, dans une manière de schéma vertueux. Problèmes actuels : si le surcroît de consommation se porte vers des produits importés (le syndrome des écrans plats, importés d'Asie), il pèse sur le déficit commercial sans aucune augmentation des investissements nationaux ; les ménages peuvent préférer épargner et se désendetter, plutôt que de consommer, une situation que vit le Japon depuis près de quinze ans ; surtout – cela, ni Keynes ni personne ne l'avait prévu – les États eux-mêmes ne sont plus libres d'injecter dans l'économie des centaines de milliards à leur guise, sans mettre à mal leur crédibilité sur les marchés, avec le risque de hausse de leurs taux d'emprunt. Et d'une asphyxie progressive de l'économie.

Qui sont ces deux grands intellectuels barbus, bourrus et brillants, chéris de l'extrême gauche, des médias et des élites bobo, aussi bien aux États-Unis qu'en Europe ? « Deux hommes de talent et de conviction », selon Jean-Paul Fitoussi, ancien président de l'Observatoire français des conjonctures économiques (OFCE), qui s'inscrit dans leur ligne, celle du refus de l'austérité en période de crise. D'accord sur l'essentiel, ils ont le même regard pénétrant, la même facilité à vulgariser les concepts les plus sophistiqués, mais ils n'ont pas le même caractère. Hormis son blog dans le *New York Times*, qu'il publie deux fois par semaine, Paul Krugman, tel une sorte de gourou, est rare et inaccessible, faisant payer cher ses prestations. On le dit même pédant. Son bon côté : son goût pour les restaurants français qu'il fréquente assidûment. Il adore faire lui-même la cuisine mais, à son grand regret, son impatience maladive l'empêche d'être performant derrière les fourneaux. Ce fils unique d'un agent d'assurance et d'une mère au foyer, qui a grandi dans une famille juive aisée de Long Island, est toujours sur le qui-vive et mène de front ses activités de chercheur, d'écrivain et ses éditoriaux documentés dans le *New York Times*, qui sont autant d'activités à plein temps. Il bluffe même ses ennemis par sa capacité à rendre simple ce qui est compliqué, par sa créativité et par son indépendance intellectuelle, n'hésitant pas à prendre à rebrousse-poil la pensée unique, la politique à Washington comme l'économique à New York.

Aussi brouillon et désorganisé, en apparence, que Krugman, Stiglitz, avec ses légendaires bretelles et son regard pénétrant, est nettement plus simple et convivial, toujours prêt à se faire interviewer, à aider des étudiants ou à participer à des colloques, sans trop s'occuper de la hauteur de sa rémunération. Toujours d'accord pour rendre service. En 2009, Nicolas Sarkozy lui avait demandé de réfléchir avec Jean-Paul Fitoussi, à « une autre façon de mesurer la croissance et la qualité de la vie ». Plein de bonne volonté, il a rendu son pensum en temps et en heure, mais ce rapport, comme bien d'autres, est resté lettre morte.

Tous deux ont obtenu leurs prix Nobel d'économie, Stiglitz en 2001, Krugman en 2008, pour des œuvres savantes qui n'ont pas grand-chose à voir avec leurs prises de position publiques d'aujourd'hui. Stiglitz a notamment travaillé sur les causes et les conséquences des inégalités, sur la permanence du chômage et sur le rythme des crises financières. Il s'est passionné pour « l'asymétrie de l'information », mettant en évidence l'hypocrisie du système capitaliste qui fait du délit d'initié une faute pénale, alors que c'est, historiquement, le moyen principal pour s'enrichir et former du capital. Ce thème a fait de lui l'un des fondateurs de l'économie de l'information. Quant à Krugman, l'homme qui avait anticipé la crise asiatique de 1997, il a été reconnu par la fondation suédoise – alors que, nu comme un ver, il s'apprêtait à prendre sa douche – pour avoir montré « les effets des économies d'échelle sur les modèles du commerce international et la localisation de l'activité économique ». Il est le principal auteur de la nouvelle théorie du commerce international qui repose sur les relations inter-entreprises et sur les effets de réseau. Ses travaux prennent en compte les imperfections du marché et ont conduit à amender largement les modèles traditionnels de concurrence parfaite.

Mais de cela, tout le monde se fiche, hormis les théoriciens de l'économie. Car les duettistes néokeynésiens Stiglitz et Krugman sont devenus des acteurs de la vie politique, engagés et médiatisés. Ce sont des faiseurs d'opinion, en particulier Krugman avec ses chroniques dans le *New York Times*, qu'il publie depuis douze ans. Tous deux sont d'ailleurs vertement critiqués par les conservateurs, accusés d'utiliser leur aura de prix Nobel à des fins partisanes. « Ils ont autant de légitimité à prendre des positions politiques que George Clooney à défendre les chrétiens du Darfour et l'indépendance du Sud Soudan », raille un de leurs opposants. « Ou Emmanuelle Béart et les sans-papiers », ajoute un disciple français. Toujours prêt à partir au combat, en forçant le trait sans s'attarder sur les nuances, Stiglitz a même été qualifié par son confrère keynésien français Daniel Cohen de « Michael Moore de l'économie », du nom de l'iconoclaste cinéaste américain : « Il cherche à faire avancer le débat en adoptant une dimension hollywoodienne. Mais cela n'ôte rien à l'immense talent du personnage. »

Radicaux et libéraux, selon la terminologie américaine, ils critiquent ouvertement les excès du capitalisme débridé. Ils ont la nostalgie des années 1950, de *Grease*, de l'american dream. En particulier Krugman. Celui-ci rappelle souvent que la progression des salaires dans la société d'après-guerre avait « fait passer des dizaines de millions d'Américains, dont mes parents, des taudis urbains ou de la pauvreté rurale à une vie de propriétaire et de confort sans précédent. Les riches, il y en avait fort peu et ils n'étaient pas aussi riches que cela. Quant aux pauvres, ils constituaient une minorité assez réduite ». Il regrette ouvertement ce « paradis perdu ».

Stiglitz et Krugman sont, tous les deux, résolument de gauche, selon la grille de lecture française, qui les placerait, sur l'échiquier national, au voisinage de Jean-Luc Mélenchon. À ceci près – et ce n'est pas rien – que, en bons Américains, favorables au libre-échange, ils exècrent le protectionnisme et les interventions publiques intempestives, ils sont vraiment guidés par l'intérêt commun. Ce qui a été le cas, selon eux, de la nationalisation temporaire de General Motors, tombé en faillite, dont les actionnaires ont été lessivés, les dirigeants changés, permettant à l'État de mettre en œuvre de nombreuses fermetures d'usines, des suppressions de marques et des licenciements massifs. L'État a pris ses responsabilités avant de remettre un GM purgé et assaini sur le marché. Rien à voir avec les nationalisations temporaires telles que les avait imaginées une fraction du gouvernement français, ainsi que les amis de Jean-Luc Mélenchon, pour éviter de fermer les hauts fourneaux de Florange, condamnés depuis plus de dix ans…

Car tous les néokeynésiens ne se ressemblent pas, beaucoup s'en faut. C'est une vaste école où l'on trouve notamment Paul Samuelson, Robert Solow et même le prix Nobel d'économie James Tobin, célèbre pour avoir donné son nom à une taxe sur les transactions financières, seul moyen à ses yeux de freiner et de limiter les excès de la toute-puissance des marchés.

Ne serait-ce que parmi les Français, la palette des sensibilités est complète entre Olivier Blanchard parti au MIT à vingt-cinq ans, éternel nobélisable, qui est, depuis 2008, économiste en chef du FMI et Michel Aglietta ou Robert Boyer, fondateurs de l'École française de la régulation, la plus radicale des branches du mouvement. Il faut compter aussi bien sûr avec Daniel Cohen ou Jean-Paul Fitoussi. Parmi les postkeynésiens français relativement modérés, émergent Edwin Le Héron, maître de conférence à Science-Po Bordeaux, président de l'Association pour le développement des études keynésiennes (Adek), ou Franck Van der Velde, membre d'Attac, maître de conférence à Lille.

« Être néokeynésien, expliquait-il en 2008 dans *Challenges*, c'est préconiser des mesures pour réparer les dégâts du côté de l'offre – affectée par l'effondrement du système financier. Et des mesures pour fortement relancer la demande en utilisant la politique budgétaire. »

En désaccord sur le caractère positif ou négatif de la mondialisation, les néokeynésiens américains et français se rejoignent totalement sur le rejet de l'austérité, leur bête noire. Comme Daniel Cohen et Jean-Paul Fitoussi en France, Krugman et Stiglitz s'attaquent aux « austériens » (mot inventé par l'analyste américain Bob Parenteau) composés de « l'élite mondiale des décideurs » qui, selon Krugman, ont prôné, à partir de 2010, « la réduction des dépenses, l'augmentation des impôts et la hausse des taux d'intérêt, malgré le chômage de masse ».

Krugman ne voit pas en quoi l'austérité budgétaire immédiate, réduction des dépenses et augmentation des impôts, dans une économie déprimée, peut chasser la crise. La réduction des dépenses et l'augmentation des impôts n'ont de sens que quand l'économie est proche du plein emploi et que le problème est de juguler l'inflation avec une hausse des taux pratiqués par la banque centrale. Celle-ci peut compenser l'effet déprimant en baissant les taux. Mais dans une économie déprimée, avec des taux d'intérêt voisins de zéro, il n'y a pas de compensation possible à la réduction des dépenses, qui accentue la dépression, annulant la réduction du déficit qui est recherchée. Dans la situation actuelle, la logique économique veut que l'austérité soit mise entre parenthèses : les réductions des dépenses et augmentations d'impôt doivent être mises en œuvre, mais pas avant que l'économie ait retrouvé ses forces.

Stiglitz, Krugman et leurs disciples affirment que, justifiée en période de croissance, l'austérité est contre-productive quand l'activité ralentit. Les « austériens » assurent que la réduction des dépenses publiques provoquerait un choc de confiance entraînant un rebond de l'activité. Une illusion, selon Krugman qui parle de « fée confiance ». Pour Stiglitz aussi, le rôle de la confiance est surestimé car elle ne peut intervenir en période d'augmentation du chômage. Seule la croissance permettra de la rétablir. Historiquement, selon lui, l'austérité n'a jamais fonctionné, ce qui s'explique sur le plan théorique. Car les récessions sont provoquées par une insuffisance de la demande, inférieure à ce que l'économie peut produire. Si l'État réduit ses dépenses, la demande s'affaisse un peu plus et le chômage augmente. Stiglitz réfute la comparaison – naturelle – des budgets de l'État avec celui d'un ménage qui ne peut durablement être déséquilibré. Sauf à se faire durement rattraper par la réalité, un ménage doit vivre à la mesure de ses moyens, car il n'a aucune influence sur la macroéconomie. Ce n'est pas le cas avec le budget d'État. Une augmentation volontaire des dépenses publiques peut booster la production et créer des emplois : l'augmentation du produit intérieur brut qui en résulte peut être plusieurs fois supérieure aux sommes que l'État a dépensées. Dans le cadre d'une stratégie gagnant-gagnant. Dans la théorie keynésienne, cela s'appelle le « multiplicateur ». Il mesure l'effet sur la croissance économique d'une hausse – ou d'une baisse – des déficits publics.

Keynes n'a jamais donné de chiffre, mais dans sa *Théorie générale*, il a laissé entendre qu'il pourrait être élevé. Les experts de l'école keynésienne s'accordent pour le fixer, en moyenne, entre 0,5 et 1. Que l'on resserre d'un point les dépenses publiques et c'est une contraction d'au moins un demi-point du PIB que l'on provoquera. Olivier Blanchard, avec toute l'autorité du Fonds monétaire international, a donné une seconde jeunesse au « multiplicateur ». Dans une étude qu'il cosigne en janvier 2013 avec Daniel Leigh, autre économiste de l'institution, il affirme non seulement que le multiplicateur existe, mais qu'il est bien plus important qu'on ne le dit : « Nos résultats indiquent que ces multiplicateurs se sont en fait situés entre 0,9 et 1,7. » Tous les keynésiens vont bien sûr applaudir : voilà la preuve, apportée par le FMI himself, que les politiques d'austérités sont néfastes. Que la réduction des dépenses publiques, préconisée par Bruxelles et la BCE, n'a pour effet que d'accroître l'intensité de la crise économique. Daniel Cohen note que l'estimation de Blanchard et Leigh « rejoint exactement les estimations faites par les historiens des années 1930. Selon une analyse de Barry Eichengreen et Kevin O'Rourke, le multiplicateur était alors de 1,6 ». Joseph Stiglitz et Paul Krugman, eux aussi, boivent du petit-lait. Ce dernier, dans son blog, se pâme à la lecture de l'étude de son ami Blanchard : « Le FMI était moins enthousiaste que d'autres vis-à-vis de l'austérité ; si lui-même dit qu'il s'est trompé, cela signifie que tous les autres se sont encore plus trompés. La mauvaise nouvelle, c'est que les dirigeants européens, qui ont créé des souffrances dignes de la crise de 1929 dans les pays endettés sans restaurer la confiance financière, persistent à dire que la solution viendra d'encore plus de souffrances et d'austérité. » La réalité est en fait un peu plus complexe. Car malgré son mea culpa théorique, l'institution dirigée par Christine Lagarde continue d'ordonner aux pays en crise de se serrer la vis. « Il y a deux FMI, la tête et le corps, résume Xavier Timbeau – économiste à l'Observatoire français des conjonctures économiques, l'un des foyers du néokeynésianisme français – en Grèce, c'est lui le plus ferme sur l'austérité, encore plus que la Commission européenne ou la BCE. »

Peut-être que tous les keynésiens, les deux Nobel haïssent l'austérité. Mais voilà qu'au printemps 2013 le FMI avoue s'être trompé sur la Grèce. Toujours le double discours... Au-delà des théories économiques et des calculs de multiplicateurs, l'histoire de leurs familles peut l'expliquer car tous deux pensent qu'il y a là un terreau susceptible de faire monter l'extrémisme de droite, le rejet des immigrés, la haine de l'autre. Certes, ils sont tous deux Américains de souche : le fils de Nathaniel et Charlotte Stiglitz est né en 1943 à Gary, dans l'Indiana, au cœur de l'Amérique profonde, celui de David et Anita Krugman dix ans plus tard, à Long Island, dans l'État de New York. Mais tous deux sont des juifs ashkénazes. Ils ont été marqués par les origines de leurs grands-parents, venus de Biélorussie, qui ont émigré aux États-Unis au début du siècle dernier pour fuir les pogroms.

Bien que ni leurs parents ni eux n'aient pas directement souffert du nazisme, ils ont été marqués par la montée en puissance d'Hitler dans une Allemagne dévastée par la crise et sans repères. Ils ont étudié cette période de près. Alors que dans l'imaginaire et la mémoire des Allemands, l'inflation est à l'origine de leurs malheurs – et c'est pour ça qu'ils n'en veulent plus, sous aucun prétexte – Stieglitz et Krugman ont démontré que ce sont les politiques implacables d'austérité, conduites à partir de 1931 par le chancelier Heinrich Brüning en Allemagne et par Pierre Laval en France, qui ont conduit à une paupérisation des peuples, à une montée brutale du chômage et à des faillites bancaires qui ont conduit les Allemands, désespérés, à élire Adolf Hitler au poste de Chancelier. Ils notent encore que celui-ci a fait le bonheur provisoire des Allemands en conduisant, à partir de 1933, une politique de relance qui a permis de les remettre au travail pour, six ans plus tard, faire de leur pays en ruine une des plus grandes puissances du monde. En le dévoyant, certes, mais sur un strict plan économique, les deux juifs ashkénazes considèrent qu'Hitler a fait, dans ces circonstances exceptionnelles, une remarquable démonstration, avant l'heure, de l'efficacité du keynésianisme…

L'Allemagne a été vaincue et les États-Unis ont dominé outrageusement la deuxième moitié du XXe siècle. Mais, depuis quelques années, l'empire américain chancelle. Pour nos deux Nobel, comme pour la plupart des néokeynésianistes, il est aujourd'hui au bord de la faillite. Un « carnage financier » qui s'étend jour après jour et devient de plus en plus terrifiant et abyssal comme s'en alarme régulièrement Paul Krugman. Un carnage nourri par le bellicisme d'un pays qui consacre 42 % de son budget à sa défense, comme un ultime élément de pouvoir, en réalité un dernier cache-misère. Bellicisme ? Le plus violent, en la matière, reste Eugene Stiglitz qui a fait un livre[1] pour dénoncer la guerre en Irak, son coût faramineux. Il y décrit les 4 000 morts américains, les 67 000 blessés, estropiés, handicapés à vie. Les 263 000 traumatisés, incapables de se réintégrer à la vie civile, donc d'apporter un tribut positif à l'économie. Il y dénonce l'immoralité de la conscription à l'américaine, réservée aux plus pauvres et aux minorités ethniques. Radical sur ce point, il voit le monde à l'image de *La Jungle*, le roman d'Upton Sinclair. Pour lui, en trois ans seulement, les « surexcités néocons » sont parvenus à embourber leur pays en Afghanistan et en Irak – sur la base de mensonges d'État avérés. Rien qu'en Irak, pour cette guerre « inutile et mensongère », Stiglitz estime que les États-Unis ont dépensé plus de 4 milliards de dollars par mois. « Nous fabriquons des armes qui ne marchent pas pour nous battre contre des ennemis qui n'existent pas. » Convaincu que la guerre est un

1. Stiglitz, Joseph, *Une guerre à 3 000 milliards de dollars*, Fayard, 2008.

moment de vérité et un révélateur des forces réelles à l'œuvre dans un pays, Stiglitz déclarait, en mai 2008, que, pour payer la guerre : « Notre pays a vécu sur de l'argent emprunté et sur du temps emprunté. Jusqu'à la crise des subprimes. Nous n'avons pas encore payé les coûts financiers complets de la guerre : nous allons les payer dans les années qui viennent... »

Krugman, comme Stiglitz, prédisent un effondrement financier de leur pays, un jour ou un autre, rongé par la perte de confiance des investisseurs. Si l'empire capitule financièrement, il capitulera inévitablement militairement dans les quelques décennies à venir. Malheureusement, sa chute, plus que la chute de l'URSS, coûtera à notre planète des milliers de victimes innocentes, « dommages collatéraux » des guerres civiles, des conflits régionaux et de la famine, conséquences directes du vide et du déséquilibre laissés aux quatre coins du globe. Pessimistes sur l'Amérique, qu'ils jugent autiste, en déclin, rongée par les inégalités croissantes, les néokeynésianistes considèrent toujours que l'Europe, avec ses systèmes de santé abordables et performants, ses services publics efficaces, ses budgets de défense maîtrisés, est un modèle. Même si celui-ci s'américanise à grande vitesse.

Le modèle européen est théorisé et valorisé, parfois à l'excès. En Occident, l'économie passe progressivement de l'industrie aux services : éducation, santé, culture, tourisme, etc. Or, parmi ces secteurs, beaucoup sont publics, note Stiglitz : « C'est pourquoi bien plus qu'avec l'industrie, qui nécessitait déjà une intervention étatique, nous allons avoir de plus en plus besoin de nos gouvernements », affirme-t-il dans un entretien à Rue 89. L'accroissement de la productivité est tel que de toute façon, délocalisations ou pas, il y aura moins d'emplois industriels. Même en Chine, ils déclinent. « Il faut l'accepter, c'est le prix du succès, note Stiglitz qui poursuit : la France, l'Allemagne, l'Italie ont de ce point de vue de meilleures perspectives que les États-Unis. Vous avez un système scolaire de qualité, une tradition d'entreprises de petite et moyenne tailles spécialisées dans l'ingénierie et la haute technologie. » Les deux Nobel relèvent que la France dispose d'un système de santé qui est très efficace et très égalitaire. À la différence des États-Unis, la gratuité de l'accès aux soins y est un droit fondamental, ce qui est vrai pour la plupart des pays d'Europe. « Il y a beaucoup de patients dans le monde qui recherchent et sont prêts à payer pour bénéficier de ce niveau de soins, conclut Stiglitz : vous pouvez facilement vendre vos services. »

Vive l'Europe ? Alors que l'intérêt de Krugman pour le « modèle européen » reste largement théorique, Stiglitz, qui enseigne en Grande-Bretagne et passe ses vacances à Cadaquès, berceau de Salvador Dali, entretient avec le Vieux Continent une relation presque charnelle. Titulaire d'une chaire à temps partiel à l'université de Manchester, il est chaque année la guest star d'un colloque sur les pays émergents. En 2004, il a épousé en troisièmes noces Anya Schiffrin, de dix-neuf ans sa cadette. Professeur de journalisme à la School of International and Public Affairs de l'université Columbia, Anya est la fille du Français André Schiffrin, dont le père, Jacques, a créé la collection de La Pléiade. Sa famille ayant fui les nazis lorsqu'il avait cinq ans, André Schiffrin est devenu éditeur branché aux États-Unis, publiant Foucault, Sartre ou Chomsky, avant de se faire racheter. Selon ses proches, c'est sous l'influence de sa jeune épouse Anya, d'origine française et carrément gauchiste, que Joseph Stiglitz a radicalisé sa pensée, alors qu'elle ne l'était pas au départ.

Paradoxalement, c'est aussi au contact du pouvoir que les deux hommes ont viré dans la contestation radicale du système. Paul Krugman a débuté comme conseiller économique à la Maison-Blanche sous… Ronald Reagan. Quant à Joseph Stiglitz, il y a été le chef des conseillers économiques de Bill Clinton, de 1995 à 1997. À ces hauts postes, nos deux Nobel ont vu de très près les dysfonctionnements de la finance et les abus du capitalisme de connivence, aussi présent aux États-Unis qu'en Europe. Nommé ensuite numéro deux de la Banque mondiale, Stiglitz y dénonce « le pouvoir hypocrite », la soumission à Wall Street et au protocole de Washington. Il affirme haut et fort que les stock-options, les parachutes dorés, retraites chapeau et autres prébendes ne sont que « de nouveaux moyens trouvés par les PDG pour voler leurs actionnaires ». Ses philippiques, sa critique des méthodes de thérapie du FMI, le forceront à claquer la porte de la Banque mondiale en 2000. Pour protester contre les tentatives du Trésor américain pour le faire taire.

En juillet 2002, un porte-parole du FMI s'emporte : « Nombre de ses déclarations sont absolument scandaleuses et nombre de ses remarques dans son dernier livre sont aussi scandaleuses, et nous attendons des excuses. » Le livre ainsi mis en cause a été publié par Eugene Stiglitz après sa démission de son poste de vice-président et économiste en chef de la Banque mondiale, institution intimement liée au FMI. Traduit dans trente-cinq langues, vendu à plus d'un million d'exemplaires, *La Grande Désillusion* dresse un réquisitoire sans nuances contre les politiques de ces deux institutions. Pour lui, comme pour Krugman, Keynes se retournerait dans sa tombe s'il voyait ce que sont devenus la Banque mondiale et le FMI, créés par les accords de Bretton Woods, au lendemain de la guerre, pour réguler la finance mondiale et qui « ont totalement trahi leur mission » sous l'influence des « fanatiques du marché » qui s'appuient sur le prétendu consensus de Washington, fondé sur le néolibéralisme. Stiglitz démontre que ces deux institutions nées dans l'esprit de Keynes, plutôt que d'œuvrer à la stabilité financière internationale et à la lutte contre la pauvreté, aggravent plutôt la situation du monde, en y accroissant les inégalités.

À cette époque, Stiglitz met dans le même sac les entreprises multinationales et les grandes banques qui fixent les règles aux dirigeants politiques des pays dominants, à commencer par les États-Unis, en fonction de leurs propres intérêts. Il dénonce l'hypocrisie de son pays qui prône le libre-échange dans le monde entier, tout en n'hésitant pas à protéger sa propre économie. Car comme Krugman, n'en déplaise à ses amis de gauche en France, il communie dans la religion du libre-échangisme.

7. Li Xianglin et Nicholas Taleb : les mathématiques et le chaos

Il y a eu la crise des subprimes, ces crédits qui ont infesté le marché immobilier. Il y a eu la faillite de Lehman Brothers, qui a provoqué une sorte d'arrêt cardiaque à Wall Street. Et maintenant voilà la récession. La vraie. La pire depuis les années 1930. En 2009, le monde dérouille pour de bon. L'administration de Barack Obama se démène avec un gigantesque plan de relance. La Réserve fédérale des États-Unis fait tourner les rotatives, imprimant des dollars aussi vite que l'édition d'un journal à grand tirage. Et les médias cherchent à comprendre. Bien sûr il y a les banquiers inconséquents, les traders fous et les autorités de régulation aveugles. Mais à l'origine de tout cela, quelle est la racine du mal ? Quel événement invisible, quelle idée pernicieuse a pu se glisser dans le fruit ? Qui l'a provoqué ? À quel moment précis ? Felix Salmon, un journaliste britannique installé aux États-Unis, s'attelle à la tâche et enquête. Bien connu des financiers – il tient un blog hébergé par Reuters et a un œil averti mais extérieur aux salles de marchés – son expertise est reconnue depuis qu'il a mis en garde les professionnels contre les *credit default swaps*, ces produits complexes dont les salles des marchés raffolent. Outre les CDS, il analyse tous les produits que les *quants*, ces traders mathématiciens, ont inventés pour diluer les risques en augmentant sans cesse leurs performances. Et remonte aux racines du mal.

Les mathématiques se sont invitées sur les marchés financiers depuis la publication en 1900 par le Français Louis Bachelier de la « Théorie de la spéculation » dans *Annales scientifiques de l'École normale supérieure*. Depuis, elles n'ont cessé de gagner du terrain chez tous ceux qui veulent calculer leur espérance de gains ou leur probabilité de perte. Des tomes entiers ne suffiraient pas à décrire la montée en puissance des mathématiciens et de leurs théories financières et économiques. Dès 1936, John Maynard Keynes s'alarme « des travaux d'économie mathématique qui consistent en des élucubrations aussi imprécises que les hypothèses de base sur lesquelles ces travaux reposent, qui permettent à l'auteur de perdre de vue les complexités et les interdépendances du monde réel, en s'enfonçant dans un dédale de symboles prétentieux et inutiles ». Peu importe, l'immense majorité de la science économique est peu à peu colonisée. Et dès sa création, en 1969, le prix Nobel d'économie apporte sa caution en couronnant un docteur en statistiques, le Norvégien Ragnar Frisch. Inventeur, dans les années 1930, des termes de « macro-économie » et d'« économétrie », il a apporté un label scientifique à la discipline en préconisant l'usage intensif de données quantitatives. Dans le premier numéro de sa revue, *Econometrica*, il explique que « l'économie dominera les sciences humaines grâce au développement de l'application empirique des théories quantitatives aux problèmes économiques ». Voilà les mathématiciens installés dans la place, par la grande porte. Comme dans un laboratoire, ces drôles de scientifiques se plaisent dans les salles de marchés où ils peuvent malaxer à loisir des données financières avec des ordinateurs à la puissance illimitée, comme le sont leurs rémunérations. Les banques les embauchent en grand nombre et la consécration suprême arrive en 1997, année où Robert Merton et Myron Scholes, professeurs à Havard et Stanford, décrochent le Nobel. Ces deux-là ont inventé un modèle qui permet de déterminer de façon efficace le prix des options, ces contrats qui permettent à l'avance à un acheteur d'obtenir le droit d'acheter *call* ou de vendre *put* un actif à un autre investisseur. Utilisés depuis des lustres sur les marchés de matières premières, les contrats dérivés – dont font partie les options – sont utiles aussi bien aux industriels qui veulent se prémunir contre des variations de prix, qu'aux spéculateurs qui tirent parti de la volatilité grâce aux fameux effets de levier. Avec le modèle Black-Scholes, conçu au début des années 1970, la finance surfe sur les options avec des armées de mathématiciens. La Bourse de commerce de Chicago, où les traders sont habitués, depuis le XIXe siècle, au maniement de contrats dérivés sur des cargaisons de maïs ou des troupeaux de bovins, devient un gigantesque casino. La formule magique de Robert Merton et Myron Scholes permet de *pricer* (fixer les prix) des options sur toutes sortes d'actifs comme les devises, les actions ou des bons du Trésor américain.

La fièvre gagne rapidement Wall Street où l'un des patrons star de la salle des marchés de Salomon Brothers, John Meriwether, a l'idée d'embaucher Robert Merton et Myron Scholes pour monter son propre fonds d'investissement, Long-Term Capital Management. Après avoir drainé des milliards de dollars, LTCM s'effondrera en 1998 dans une faillite qui fit, à l'époque, presque autant de bruit que celle, dix ans plus tard, de Lehman Brothers. Il faudra, comme en 2008, une vigoureuse intervention de la Réserve fédérale américaine pour éviter une faillite généralisée. Exit le modèle Black-Scholes, pas assez efficient pour prévoir la crise financière qui secoue alors la Russie et l'Asie.

Il va falloir trouver autre chose. Un modèle plus subtil, moins galvaudé, plus parfait. Une formule magique que pourront s'échanger les seuls initiés. Pour gagner des millions de dollars sans bien sûr prendre trop de risque. Mieux, en évitant d'en prendre. Ou alors sous contrôle, d'une façon entièrement maîtrisée. L'auteur de cette nouvelle formule existe. Dans son enquête sur les origines de la crise, Felix Salmon l'a trouvé. Il a essayé d'entrer en contact avec lui. Sans succès. Dans le formidable article qu'il lui consacre en mars 2009 le journaliste explique que ce quadragénaire est reparti en Chine en 2008, au moment où tout s'écroulait à Wall Street. Il travaille à présent à Pékin pour le compte du fonds souverain de la future première puissance mondiale, la China International Capital Corporation. Salmon, dans les colonnes de *Wired Magazine*, explique qu'on lui avait fait savoir que le mathématicien asiatique ne souhaitait pas s'exprimer sur la crise financière qu'il avait provoquée. Le service de presse de la China International Capital Corporation finit par renvoyer à Felix Salmon un courriel lui révélant que « M. Li ne pratique plus le genre de travaux qu'il effectuait dans ses précédentes fonctions et que, dès lors, il ne s'exprime plus dans les médias ». Salmon aura tout essayé pour le faire témoigner. Il peut maintenant boucler son reportage. Un scoop mondial. Il a trouvé « l'homme qui a tué Wall Street ». Et il n'est ni Américain, ni Français – la probabilité était pourtant importante étant donnée l'importance de l'école mathématique française – mais Chinois. Il s'appelle Li Xianglin.

Victimes de la révolution culturelle, ses parents ont été placés de force dans un village, afin d'être rééduqués. Premier de classe, le garçon part étudier à l'université de Nankai et en 1987, obtient une bourse au Canada. Le gouvernement de Pékin pousse alors ses plus brillants étudiants à apprendre le capitalisme, pour mieux l'importer dans le pays. Li Xianglin occidentalise son nom pour devenir David X. Li. C'est le début de son aventure américaine. Une vraie success story. Il décroche d'abord un MBA à l'université Laval. David ne connaît pas grand monde à Québec et passe son temps à élaborer des modèles mathématiques appliqués à la finance. Le parcours d'excellence du « quant » chinois se poursuit avec un PhD de statistiques à l'université d'Ontario. Il décoche un premier job à la salle des marchés de la Canadian Imperial

Bank of Commerce. JP Morgan, à l'affût des petits génies de son espèce, le débauche et lui permet de poursuivre ses recherches. En 2000, il publie, dans l'indifférence générale, un article dans *The Journal of Fixed Income*. Il a trouvé.

Après le modèle Black-Scholes voici la « copule gaussienne », une nouvelle méthode censée mesurer de façon infaillible la corrélation des risques au sein d'un portefeuille. La formule pleine de chiffres et de lettres grecques est incompréhensible. Sauf pour les habitués de cette publication, destinée aux professionnels du trading obligataire. Pour un *quant* lambda de Wall Street la littérature de cet expert de JP Morgan est abordable : elle repose sur des concepts mathématiques et statistiques plutôt rustiques issus des travaux du père de la statistique, l'Allemand Carl Friedrich Gauss, inventeur de la courbe de Gauss, que l'on enseigne dès le lycée, dans les classes scientifiques. Peu à peu, sa découverte s'ébruite. David X. Li est à nouveau débauché, par le géant de la finance britannique Barclays cette fois. Sa « copule » a de plus en plus de succès chez ses collègues *quants* qui l'adoptent dans leurs stratégies. Mieux, les départements de recherche des salles de marchés l'utilisent pour mettre en place ou perfectionner de nouveaux instruments censés réduire les risques en les diluant. Il y a bien sûr les subprimes et les credit default swaps (CDS), mais surtout les *collateralized debt obligations* (CDO) qui se révéleront comme de puissants destructeurs de bilans bancaires. « Tout le monde des CDO reposait exclusivement sur cette formule de copule gaussienne », avouera en 2009 Darrell Duffie, un professeur de Stanford qui a longtemps émargé à l'agence de notation Moody's. Les *quants* des salles de marchés de Wall Street, Londres ou Tokyo ne s'échangent plus des actions ou des obligations, ni même des dérivés, mais des corrélations de portefeuilles calculées grâce à la copule de David X. Li. Après les options, un nouveau monde est né, encore plus virtuel et coupé de l'économie réelle ; celui des produits complexes, structurés et titrisés. « Des boîtes de thon dans lesquelles on glisse de la nourriture pour chien avec une belle étiquette appétissante et une liste d'ingrédients dans laquelle il est spécifié en tout petits caractères que le produit peut contenir autre chose que du thon », selon l'image utilisée par Greg Smith, le célèbre trader repenti de Goldman Sachs.

Dans les colonnes du quotidien *Les Échos*, la journaliste Isabelle Chaperon raconte que la copule gaussienne ne servira pas seulement à fabriquer des produits empoisonnés mais « sera adoptée par tous, banques, agences de notation et régulateurs ». Le mathématicien chinois à l'automne 2005 a pourtant pris la peine d'expliquer au *Wall Street Journal* que « peu de gens comprennent l'essence du modèle, qui peut devenir dangereux dès lors qu'on l'utilise pour tout expliquer ». Peine perdue. Devenue folle, sa créature lui échappe. Les *quants* génèrent à présent l'essentiel des profits des grandes banques mondiales. Et leurs états-majors, souvent ignares en mathématiques, n'ont aucune envie de remettre en cause un modèle dont beaucoup ignorent jusqu'à l'existence. Quand les subprimes, CDS et autres CDO commencent à exploser, il est bien trop tard. L'alchimiste a repris son avion pour la Chine et le quotidien *Toronto Star*, clément pour ce Canadien d'adoption, lui dresse son épitaphe : « Ce n'est pas lui qui a mis le feu, il a simplement inventé les allumettes. »

Nassim Nicholas Taleb, lui, est plus sévère. Ce statisticien, qui a longtemps fait partie de la tribu des *quants* de Wall Street, considère que la formule de David X. Li n'a tout simplement jamais fonctionné : « Elle était mathématiquement élégante et tout le monde s'est excité avec, c'est tout. » En évacuant de la sorte le petit Chinois dans les poubelles de l'histoire de l'économie financière, Taleb peut y faire son entrée. Comme Nouriel Roubini, le fils d'un marchand de tapis, surnommé Docteur Catastrophe, il va profiter de la crise pour devenir un héros. Car il est lui aussi un prophète. En mars 2007, avant la déflagration des subprimes, il tient une conférence devant des *quants*, dans une salle de réunion de Morgan Stanley. Alors que David X. Li a bâti sa théorie sur une corrélation rationnelle par rapport aux événements passés des marchés, Taleb leur explique que cela ne tient pas la route : un évènement inédit peut toujours survenir, totalement imprévisible. « Personne n'a vu venir la crise de la dette sud-américaine en 1982 ou la chute du fonds LTCM en 1998 », explique-t-il en écrivant des formules mathématiques sur un paper board. « Des événements imprévisibles, bien plus graves que tout ce qu'on peut imaginer à travers des modèles, surviendront encore », tonne avec son drôle d'accent ce gourou un peu débraillé devant un auditoire incrédule. Avec leurs chemises blanches de chez Brooks Brothers et leurs énormes bonus, les experts de Morgan Stanley se feront une raison. En décembre de la même année, leur banque, l'une des plus puissantes du monde, devra passer plus de 9 milliards de dollars de provisions pour ne pas avoir vu venir l'effondrement des subprimes.

Le cauchemar commence. Nassim Taleb est lancé.

Son livre, un pavé peu digeste, devient un best-seller mondial. Il est titré *Le Cygne noir*. Ce volatil existe dans la nature. Mais personne ne l'a jamais vu. Même sous l'Antiquité ! Comme tous les cygnes sont blancs, l'auteur latin Juvénal décrit celui qui viendrait à être noir comme un mythe. Mais voilà qu'au XVIIIe siècle des colons découvrent en Australie de vrais cygnes avec de vraies plumes noires. La théorie issue de l'expérience passée – tous les cygnes sont blancs car jamais on n'en a vu d'une autre couleur – se heurte à une réalité inédite. Ce phénomène, que les économistes comportementalistes appellent le « biais cognitif », comme on l'a vu dans le premier chapitre, est celui dont sont victimes les *quants* des salles de marchés. Ils ont tout analysé, prévu le pire, enfin ce qu'ils croient être le pire. Sauf qu'un jour cela ne se passe pas comme prévu, le pire du pire survient. Robert Merton et Myron Scholes ont ruiné les clients de LTCM et fait vaciller une première fois la planète financière en 1998 pour ne pas avoir prévu l'imprévisible en Russie et en Asie. Et rebelote avec David X. Li, sa copule gaussienne et ses CDO.

Pour bien marquer les esprits, Nassim Taleb a dans ses soutes un autre exemple de volaille qui parle aux Américains : la dinde. Elle est soignée et nourrie tous les jours. Dans sa petite cervelle de dinde, la vie est belle, il en sera toujours ainsi. Sauf qu'elle ignore l'existence de Noël ou de Thanksgiving, des événements qui la vouent à une mort prévisible pour ceux qui vont la manger, mais non prévisible pour elle. Les banques sont les dindes de la farce de ce début de siècle. Elles se sont engraissées, aveuglées par des copules gaussiennes confortables et simples qui n'étaient qu'un « biais cognitif » leur faisant oublier l'imprévisible.

Les histoires de cygnes et de dindes de Taleb relèvent du bon sens. Et elles font mouche chez les traders traumatisés par la cascade de catastrophes inattendues qu'ils découvrent chaque matin à la lecture du *Wall Street Journal* et pendant la séance sur leurs écrans Bloomberg. Sachant que ce gourou a un pedigree impeccable avec son MBA de Wharton et son doctorat de Paris-Dauphine – l'une des meilleures fabriques à traders d'Europe – il fait un malheur. Dans les salles de marchés, les anciens se remémorent que durant le krach de 1987, Nassim the Dream, spécialiste des options à la First Boston, avait fait gagner des millions à sa banque avec un *trade* osé sur l'eurodollar. Après être passé chez UBS et BNP Paribas, Taleb s'est ensuite senti l'étoffe d'un roi du monde. Il a repris des études à l'université de New York, fréquenté les *quants* les plus pointus de Wall Street et monté sa propre structure. Mais le fonds Empirica, après quelques belles années, ne résistera pas à la chute des marchés de 2001, liée en grande partie à un événement tout à fait imprévisible : l'attentat du World Trade Center.

En 2004, Nassim Taleb jette l'éponge, rend l'argent à ses clients et se consacre à ses recherches. Le temps de se ressourcer et de soigner sa légende. Avec son passé de trader, sa petite barbiche et sa culture encyclopédique, il fascine les *quants* qui se régalent de ses références à l'une de leurs idoles, le mathématicien français Benoît Mandelbrot, dont il assure être un fils spirituel. Dès le mois de mai 2008, la revue *Bloomberg Markets* lui consacre sa couverture et un long reportage qui raconte ses origines libanaises, son exil à Paris, son cancer, ses aventures dans les salles de marchés de Manhattan. En octobre de la même année, quelques jours après la faillite de Lehman Brothers, Taleb est invité aux côtés d'un Mandelbrot très affaibli – il passera l'arme à gauche quelques mois plus tard – à disserter sur l'ampleur de la crise à venir. Le savant octogénaire, mondialement célèbre pour ses fractales et sa théorie du chaos, semble un peu perdu sur le plateau de la chaîne de télévision américaine PBS. Il explique d'une voix chevrotante que d'un point de vue mathématique ce qui se passe est « très sérieux ». Taleb, lui, en rajoute. Alors qu'il professe dans son livre que rien n'est tout à fait prévisible et qu'il est vain de se référer au passé pour tenter de décrypter l'avenir, le voilà qui explique aux téléspectateurs traumatisés par la crise immobilière et le krach en cours à Wall

Street que l'Amérique entre dans la période la plus difficile de son histoire. Non pas depuis la Grande Dépression, mais bien depuis l'indépendance du pays.

Oubliés les temps difficiles où Taleb avait dû fermer son fonds Empirica faute de résultats. L'ex-trader fait payer à présent ses conférences 65 000 dollars et négocie un à-valoir de 4 millions pour son prochain ouvrage. Il sillonne le monde pour lui faire la leçon. Avec assurance. En tournée pour la promotion d'un nouveau livre, en 2010, il explique carrément que son « travail est une nouvelle façon de voir la connaissance ». Le prophète se rapproche de plus en plus de Dieu. À Paris, où il planche en mars 2012 devant des clients de l'agence Bloomberg atterrés par la faillite de la Grèce et les menaces sur la zone euro, le voilà qui surprend, comme à son habitude, en sortant des clous de la pensée dominante des marchés : « Vous ne vous rendez pas compte, l'Europe est plus riche aujourd'hui qu'elle ne l'a jamais été et elle va beaucoup mieux que les États-Unis ! » Et d'utiliser, comme un nouveau messie, une parabole, qu'il laisse le soin à ses fidèles de décrypter : « Prenez deux personnes atteintes par un cancer. L'une se soigne et les séances de chimiothérapie la fatiguent, l'autre ne fait rien. La première a l'air malade, pas la seconde. »

Génie ou imposteur ? La communauté scientifique penche plutôt pour la seconde option. Robert Engle, prix Nobel d'économie en 2003, professeur à l'université de New York, explique que *Le Cygne noir* « ignore des pans entiers des recherches académiques », même s'il concède que le livre aux 2 millions d'exemplaires permet de comprendre que les marchés sont hors de contrôle. *The American Statistician*, la revue de référence mondiale des chercheurs en statistiques, s'est, elle, offert un numéro spécial pour dézinguer le best-seller et son auteur qui considère, il est vrai, que les statisticiens ne sont que des aveugles. Et quand ce Taleb, chercheur sorti de nulle part, s'attaque à la courbe de Gauss comme à un monument sur lequel serait construite la finance mondiale, John Eatwell, économiste à Cambridge, se pince : « Aucun chercheur en statistique financière digne de ce nom n'utilise encore le modèle gaussien. » Nassim Taleb aime les paradoxes. On le croit ex-trader, il est philosophe. On le croit mathématicien, il se présente comme épistémologue de l'aléatoire. Son grand sujet du moment, c'est la fragilité croissante de nos systèmes économiques qui sont dominés par la technologie et la concentration des risques. « Avoir un smartphone augmente votre efficacité, mais s'il tombe et se casse, vous perdez beaucoup de données », explique-t-il dans les colonnes du magazine *Challenges*. Rapportée au monde de la finance, cette théorie de la concentration du risque sur laquelle il travaille depuis des mois revient à se débarrasser des grandes banques. Devant son auditoire parisien il prend l'exemple bien choisi de la Société Générale. « Lorsqu'elle a dû liquider les énormes positions prises par Jérôme Kerviel, elle a perdu 5 milliards d'euros. Alors que si on avait eu dix mini-Société Générale et dix mini-Kerviel agissant indépendamment, les pertes auraient été négligeables. » Le modèle *antifragility* sur lequel planche Nassim Taleb a aussi fait l'objet d'un livre. On lui souhaite le même succès qu'avec *Le Cygne noir*. Il n'aura certainement pas l'imprimatur de la communauté des théoriciens de la statistique financière. Mais comparé au Black-Scholes et à la copule gaussienne, il aura une vertu cardinale qui peut s'avérer plus payante que les stratégies élaborées par les meilleurs mathématiciens et Nobel statisticiens : le bon sens.

8. Enterré à Londres, Karl Marx cherche à ressusciter

Karl Marx est enterré à Londres. Et c'est dans la capitale britannique qu'il renaît ce jour-là. La scène se passe le vendredi 13 mars 2009 dans le grand amphithéâtre de l'université Birkbeck. Le lieu n'a pas été choisi au hasard. Cette institution, connue sous le nom de BBK, est principalement dédiée aux cours du soir et à la formation continue. Au siècle de Karl Marx, elle a été fondée par un certain George Birkbeck. Un médecin idéaliste, qui à partir d'une taverne s'est mis dans l'idée, en 1823, d'éduquer le peuple des bas-fonds de Londres. Une façon comme une autre de libérer par l'esprit ceux qui formeront le prolétariat, invention de la révolution industrielle et du *Manifeste communiste* de Karl Marx

(1848). Aujourd'hui, le mot de prolétariat n'est plus très vendeur. Les penseurs gauchistes comme Antonio Negri préfèrent parler de « multitude ».

L'expérience des années 1960 a prouvé qu'il n'y avait pas beaucoup de prolétaires prêts à faire la révolution en Occident. Pour rêver le Grand Soir mieux vaut compter sur les intellectuels et les adolescents, parfois prolongés. Le marxisme a beau se revendiquer comme idéologie, il s'adapte. Avec la crise il est même redevenu furieusement tendance. Le petit millier de places du grand amphithéâtre de la BBK ce matin-là ne suffisent pas à accueillir une foule de jeunes gens, principalement des étudiants. Ils ont afflué de toute l'Europe, avec leurs sweats de marque, leurs canettes de Coca Light, leurs smartphones et leurs cahiers à spirale. « Ils sont là pour entendre les grandes figures d'un concept politique que l'on disait salutairement mort », s'esbaudit la brillante Aude Lancelin, l'envoyée spéciale du *Nouvel Observateur*. Cette belle jeune femme, blonde et engagée, aujourd'hui passée chez *Marianne*, note que « la désorientation actuelle se montre suffisamment profonde pour redonner un nouveau lustre aux objections marxistes ».

Mort et enterré avec le mur de Berlin, le communisme ? Que nenni. Avec la crise financière, le mot n'est plus tabou. Quelques jours après la faillite de Lehman Brothers, en octobre 2008, le philosophe français Alain Badiou a publié dans

Le Monde une tribune afin, clairement, de le réhabiliter. Non comme concept philosophique ou économique, mais bien comme idéologie. Connu de quelques intellectuels pour ses écrits sur la phénoménologie et la logique, cet élève de Louis Althusser s'était préalablement mis sur une rampe de lancement médiatique avec un pamphlet[1] sur Nicolas Sarkozy où il décrivait le nouveau président de la République française comme « l'homme aux rats ». Avec l'effondrement de Wall Street, Badiou, rescapé du maoïsme estudiantin des années 1960, se sent pousser des ailes et avance très loin son drapeau rouge, grâce à la complicité du *Monde* : « Le mot communisme a certes été avili et prostitué. Mais aujourd'hui, sa disparition ne sert que les tenants de l'ordre, que les acteurs fébriles du film-catastrophe. Nous allons le ressusciter, dans sa neuve clarté. » La conférence de Londres, sorte de congrès fondateur de la nouvelle internationale communiste, est là pour cela. Badiou en sera l'un des organisateurs. Dans son intervention devant les travées bondées de la BBK, il attaque d'emblée et fixe le cadre à ses invités tous issus de l'extrême gauche : « Mon but aujourd'hui est de décrire une opération intellectuelle à laquelle je donnerai le nom d'idée du communisme. »

1. Badiou, Alain, *De quoi Sarkozy est-il le nom ?*, Lignes, 2007.

Le goulag soviétique et les massacres de la glorieuse révolution culturelle chinoise n'ont pas ébranlé celui qui, en janvier 1979 – toujours dans *Le Monde* –, regrettait… la chute du régime des khmers rouges. La crise financière est, pour lui, un moment béni. L'heure de la revanche médiatique a sonné après des années de purgatoire passées à l'ombre « d'imposteurs », pourfendeurs du communisme, comme Bernard-Henri Lévy. Dès la conférence de Londres achevée, Badiou publiera un recueil d'articles intitulé *L'Hypothèse communiste*. Un livre culte pour les altermondialistes de tous poils qui espèrent, avec le mouvement des indignés ou celui d'Occupy Wall Street, vivre le grand soir ou, au moins, revivre un peu Mai 68. On y trouve bien sûr le texte de la conférence historique du grand homme à la BBK mais aussi quelques articles déconcertants comme cette défense du culte de la personnalité sous Mao Tse Toung : « Il est curieux que, dressés à la théorie du génie dans l'ordre des arts, nous nous en offusquions si fort quand elle surgit dans l'ordre de la politique. » Voir le hiérarque de l'École normale supérieure ressortir un tel bric-à-brac crypto-maoïste a de quoi effrayer les autres intervenants présents pendant les trois jours de la conférence de Londres.

À la différence de Badiou, Antonio Negri ne s'est pas toujours contenté de faire la révolution en chambre. Il a moisi des années en prison, en raison de ses liens présumés avec les Brigades rouges. Vedette des grands pétitionnaires des années 1970 qu'étaient Gilles Deleuze ou Michel Foucault, il est, à la différence de Badiou, peu à peu revenu sur terre. Son ouvrage *Empire* en a fait le héros des altermondialistes et des collectifs militants du début des années 2000. Mais il explique aux étudiants rassemblés à Londres qu'il préfère Lula à Chavez et n'hésite pas à rappeler qu'il a voté « oui » au traité constitutionnel européen, œuvre impie de l'ultralibéralisme bruxellois rejetée par l'extrême gauche mais aussi par Laurent Fabius et une partie du parti socialiste français. L'Américain Michael Hardt, professeur à l'université de Duke, également présent à la conférence de Londres ira jusqu'à soutenir que « l'idée du communisme » que l'on célèbre pourrait bien être une forme avancée du capitalisme, notamment via le communautarisme développé par Internet. Rien de commun, donc, avec la pensée simpliste d'Alain Badiou, pour qui le capitalisme n'est que « la volonté absolue de s'engraisser ».

Malgré les divergences de vues publiquement affichées par l'internationale de Londres, Badiou revient ragaillardi de sa conférence. À Paris, il est invité sur les plateaux de télévision. L'animateur de talkshow Frédéric Taddeï est littéralement fasciné par ce personnage à belle prestance qu'il présente comme un « maître à penser très connu aux États-Unis mais aussi en Asie et en Australie ». D'une manière générale les journalistes adorent cet intellectuel au physique rassurant qui, avec sa chevelure blanche et bien coiffée, est un « bon client ». Il est « le philosophe français le plus redouté et le plus radical », « le plus connu aux États-Unis depuis la disparition de Jacques Derrida ». En plus, il parle plus distinctement qu'il n'écrit ; et sait mettre les bornes nécessaires à la provocation. Invariablement, lorsqu'on lui demande quand aura lieu la révolution il répond : « Nous commençons trop tard, les révolutionnaires ne sont jamais prêts et la droite l'est toujours. »

Comme l'incantateur Stéphane Hessel, qui le supplantera en tant que grand-père médiatique de la contestation du capitalisme, il fait peur aux bourgeois mais pas trop. De quoi emporter les suffrages, nombreux, de tous ceux qui sont scandalisés en temps de crise par la coexistence de la pauvreté et des super-rémunérations des traders et des patrons. Ceux pour qui « cela ne peut plus durer ! ». Mais ni Badiou, ni Hessel n'ont l'âge ou la volonté de mener une révolution pour de vrai. Suspecté de dérive social-traître, Alain Badiou aura même droit à Londres à une petite manifestation organisée par quelques militants du parti communiste britannique afin de dénoncer sa « rupture avec les objectifs révolutionnaires ». Le coorganisateur de la conférence de la BBK, le très agité slovène Slavoj Zizek, avec ses tics nerveux, sa barbe et ses T-shirts difformes est moins suspect aux yeux des vrais communistes révolutionnaires. Mi-Lénine, mi-Raspoutine, ce spécialiste de la psychanalyse lacanienne a le physique et le discours d'un illuminé capable de passer à l'action. Pour lui le communisme « n'est pas une idée, comme le capitalisme ou son alternative fasciste, mais un fait ». Ce charabia fait mouche dans les milieux underground que promeut l'université Birkbeck qui l'a doté en 2010 du statut de « directeur international », ce qui a d'ailleurs grandement facilité la tenue de la conférence. Dans son livre post-crise intitulé *Après la tragédie, la farce* ! il propose délicatement comme programme de « castrer ceux qui sont au pouvoir ». L'intelligentsia britannique l'aime bien et le *Financial Times* n'a pas hésité à annoncer le colloque de Londres par un long portrait de la « rock star marxiste » sortie de nulle part dont les livres sont vendus avec un bandeau rouge précisant qu'il s'agit, bien sûr, du « philosophe le plus dangereux d'occident ».

Plus intrigant, le même *Financial Times* s'est fendu à l'occasion de la réunion de la Birkbeck d'un article, très sérieux cette fois, intitulé « Communisme : une alternative au capitalisme une fois encore ? ». La réponse du quotidien de la City est bien sûr négative, mais le fait même qu'il puisse interpeller ses lecteurs en posant la question est significatif. Car, contrairement à une idée reçue, la pensée de Karl Marx n'a jamais été complètement enfouie ni rejetée. Même les pires suppôts du capitalisme et de la pensée unique aiment s'y référer, et pas seulement en temps de crise. Alain Minc, dans un petit précis d'histoire de la pensée économique publié en 2004, le qualifie de « visionnaire puissant » et « théoricien le plus aigu du capitalisme ». Jacques Attali, autre essayiste français de renom, est si fasciné par le personnage qu'il lui a consacré une biographie très élogieuse – *Karl Marx ou l'esprit du monde* – où il le décrit en prophète de la mondialisation. L'œuvre du grand homme étant très abondante, chacun peut y puiser à loisir. Inutile de tout lire, il suffit de prendre quelques concepts, de les couper et de les coller à l'économie telle qu'elle fonctionne – ou ne fonctionne pas –, pour produire de brillants et paradoxaux articles.

Directeur de la recherche de la banque Natixis, l'économiste Patrick Artus s'est par exemple distingué par une étude intitulée « Karl Marx is back » expliquant, en 2002, avec nombre de graphiques savants, l'explosion de la bulle Internet par l'accumulation de capital productif et les rendements décroissants aux États-Unis à la fin des années 1990. Le capitalisme n'aime rien tant que se voir à travers celui qui a analysé son ascension et prophétisé son inévitable chute. En août 2011, le *Wall Street Journal* lui-même publiait en première page une interview de l'économiste Nouriel Roubini – encore lui – sur « l'inévitable autodestruction du capitalisme ». L'article est sobrement titré « Karl Marx was right ». Mieux encore, en février 2012, le magazine *Challenges* publie un texte de l'économiste pour l'Europe de la banque américaine Goldman Sachs, symbole s'il en est de la finance stérile dénoncée dans *Le Capital.* Selon elle, Marx apporte un intéressant éclairage « sur l'accumulation du capital et ses interactions avec le progrès technique et le facteur travail ». Natacha Valla, qui précise à toutes fins utiles qu'il faut aborder Marx par une lecture « débarrassée d'idéologie superflue », note que son œuvre « a sa place dans le bagage des économistes actuels ».

Le seul problème de la théorie marxiste est qu'elle ne fonctionne pas. Le capitalisme sécrète par exemple une baisse tendancielle du taux de profit qui devrait lui être fatale. Mais elle ne lui est pas fatale. Toujours dans *Challenges*, l'économiste keynésien Edwin Le Héron explique que l'erreur de Karl Marx était de « n'avoir pas vu que l'État pouvait stabiliser le système ». Le vrai adversaire du marxisme est Keynes. Et le vrai adversaire des marxistes, pour reprendre les termes de Toni Negri, ce sont ces « merdes d'États-nations ». En mars 2009, alors que le penseur italien tente avec Alain Badiou et Slavoj Zizek de redonner au monde un grand souffle communiste, les gouvernants des grandes puissances économiques coordonnent des plans de relance pour sauver ce qui peut l'être. Barack Obama, à Washington, boucle une loi régulant la finance afin de la protéger d'elle-même et un plan d'aide aux ménages dépourvus de logements pour éviter des émeutes. Lénine et Staline l'avaient bien compris, les pires ennemis ne sont pas les capitalistes mais les sociaux-traîtres toujours prêts à se mobiliser pour les sauver, pour décrocher « la corde avec laquelle nous les prendrons ». Quant à l'actualité de la pensée marxiste dans les travaux des économistes contemporains, malgré les dires de l'experte de Goldman Sachs, elle reste très ténue. Sorti de la petite école de philosophie néomarxiste de l'École normale supérieure de Paris, Jean-Marc Daniel, professeur à l'ESCP Europe et historien de la pensée économique note « qu'aucun travail de recherche de haut niveau ne fait plus référence aux travaux du fondateur du socialisme scientifique ». Inopérantes, pour ne pas dire inoffensives, les milliers de pages noircies par Karl Marx sur l'économie sont devenues un must pour les étudiants attardés et les brillants esprits qui peuvent jouer à se faire peur sans prendre de risques. La pensée marxiste, ravivée à chaque crise, reste tout de même un monument historique qu'on a du mal à oublier pour de bon. « Dieu est mort, Marx est mort, et moi-même je ne me sens pas très bien », disait Woody Allen.

9. Managers en crise : Stephen Elop saute de la plate-forme en feu

« Salut à tous, je vais vous raconter l'histoire incroyable d'un type qui travaillait en mer du Nord sur une plate-forme pétrolière. Une nuit, il fut réveillé par une explosion, qui mit soudain le feu à toutes les installations. En un instant, il se retrouve encerclé par les flammes. À travers la fournaise et la fumée, il rejoint le bord de la plate-forme. En bas, l'océan Atlantique est sombre, glacial. Comme le feu se rapproche, il a quelques secondes pour prendre une décision. Ou il reste sur place, certain de brûler. Ou il plonge de 30 mètres dans l'eau glacée. Cet homme, ce jour-là, devait faire un choix. Et il décida de sauter. Dans des circonstances normales, il n'aurait jamais envisagé de prendre une telle décision. Mais les circonstances n'étaient pas normales, sa plate-forme était en feu. Alors il sauta. Et survécut. Nous aussi, nous sommes sur une plate-forme en feu. Il y a eu des explosions un peu partout, des départs de feu et, par notre attitude, nous avons alimenté l'incendie… »

Le 8 février 2011 dans un mémo d'un peu plus de 1 200 mots transmis à ses collaborateurs et aussitôt diffusé sur le web via le site Engadget, le patron de Nokia, Stephen Elop, mettait le géant finlandais de la téléphonie mobile sous tension.

Le mémo Elop fait du management – une discipline qui constitue l'essentiel de l'enseignement dans les écoles de commerce et les MBA – un art du changement, une science de l'urgence et de la guerre. Avec ses lunettes cerclées d'acier, ses costumes impeccables, sa coupe de para, ses cinq enfants dont des triplés, le Canadien n'a pourtant pas le look d'un gourou ou d'un geek. Elop est un manager de choc dont la mission est de restaurer les marges et les parts de marché d'un groupe atteint par la crise et l'irruption de concurrents chinois et coréens, sans compter Apple avec son iPhone. Après avoir dirigé Adobe et Jupiter Networks – deux sociétés high tech américaines de renom – l'ingénieur a piloté pendant trois ans la division business de Microsoft et assuré le développement de l'incontournable logiciel Office. Le président du conseil d'administration de Nokia, Jorma Ollila, est allé le chercher en octobre 2010 pour devenir le premier patron opérationnel non-finlandais du groupe. Ollila vante alors « les performances reconnues dans la gestion du changement » de sa recrue. Il ne sera pas déçu. Suppressions de 17 000 postes, virage stratégique à 180 degrés : les salariés de Nokia sont priés de sauter dans le vide. De choisir entre la mort certaine et une petite chance de survie.

Cette thérapie de choc va séduire nombre de patrons. Bruno Lafont par exemple. Avec son look de gendre parfait, il est le profil type du PDG du CAC 40 bien élevé. Passé par HEC et l'Ena, après un début de carrière au ministère des Finances, il a pantouflé dans le privé. Aujourd'hui, il est le PDG du numéro un mondial du ciment, le français Lafarge. Misant sur les marchés émergents, l'entreprise a fait le pari de l'Égypte en absorbant au prix fort le leader local du secteur Orascom Cement. Autant dire que la révolution au Caire fut une catastrophe pour Lafarge, par ailleurs confronté au ralentissement de la construction sur ses grands marchés. Le groupe français, très endetté, va se retrouver sous pression. Longtemps dirigé selon les concepts du capitalisme social et chrétien, le groupe, qui emploie 76 000 personnes dans le monde, se retrouve sur le gril. Et Lafont se convertit à la plate-forme en feu. Il utilise la métaphore lors de séminaires internes et d'entretiens avec les journalistes économiques. Chaque visite du patron-énarque dans un site de l'entreprise est précédée d'une discrète enquête auprès de la hiérarchie intermédiaire, en particulier les responsables qualité et sécurité, qui sont les mieux renseignés. Puis le patron déboule, et met la pression sur les ingénieurs avec des batteries de chiffres. Et cette question clé : « Si vous n'étiez plus dans le groupe, que perdrions-nous ? » Toujours cette alternative. Ne pas bouger et mourir. Ou sauter…

Avec le mémo Elop et ses versions plus ou moins soft mises en place par les directions de sociétés en difficulté, les gourous du management à la papa ont pris un sérieux coup de vieux. La crise est là. Les plates-formes de nombre de grandes entreprises occidentales sont en feu. Il faut agir vite. Question de survie.

Andy Mochan, l'employé de la plate-forme écossaise qui prit tous les risques pour survivre, est mort dans son lit, en 2004. Son nom est gravé sur le Piper Alpha Memorial d'Aberdeen mais aussi dans celui de l'histoire du management depuis qu'un consultant américain, Daryl Conner, a vu un reportage à la télévision le concernant. Sur son lit d'hôpital, quelques jours après l'incendie, Mochan y explique benoîtement qu'il avait « le choix entre sauter ou frire ». Plus de vingt ans après, dans une série d'entretiens avec Luc Galoppin, spécialiste français du management de transition, Conner, crinière blanche et verbe posé, regrette presque d'avoir exploité l'aventure d'Andy Mochan pour inventer et populariser le concept de « burning platform » dans ses conférences et publications. « Mon intention était de provoquer l'engagement comme clé de la transformation, on a parfois utilisé la métaphore pour créer la panique ; je le regrette car c'est l'exact opposé du message que je cherchais à faire passer », explique le consultant d'Atlanta auteur de plusieurs ouvrages consacrés à la conduite du changement « au bord du chaos ».

L'aventure d'Andy Mochan savamment mise en scène par Daryl Conner puis récupérée par les grands managers et leurs conseillers pour gérer les conséquences de la crise a secoué un pan entier de la science économique. Les universitaires américains avaient depuis des décennies patiemment bâti tout un corpus théorique pour transformer les entreprises du pays en groupes mondialisés. Les papes de cette science économique un peu particulière n'ont jamais été consacrés par le prix Nobel. Mais ils ont fait beaucoup mieux : ils ont généré un énorme business, celui du conseil en stratégie avec l'apparition de multinationales truffées de jeunes gens surdiplômés : McKinsey, le Boston Consulting Group ou Bain.

L'économiste américain Clayton Christensen, distingué dans les années 1970 par l'université d'Oxford pour ses travaux sur les pays que l'on disait alors sous-développés, est l'un de ceux qui ont pris le mieux le virage en se penchant sur les ressorts de l'innovation au sein des entreprises et les meilleures façons de la vendre. Inventeur de théories sur le dilemme managérial et la disruption, version soft de la plate-forme en feu, il est devenu, après un passage de quelques années au Boston Consulting Group, l'un des pontes de la prestigieuse Harvard Business School. Il facture aujourd'hui ses services aux grands patrons via sa société Innosight et siège au board de grandes entreprises comme la multinationale indienne Tata. En 2011, consécration suprême, il a décroché la première place du classement « The Thinkers 50 », mis au point par des journalistes spécialisés britanniques qui sert un peu de Nobel à la science du management.

Accusés de mélanger les genres, de déresponsabiliser les dirigeants d'entreprises, voire d'être des charlatans cupides, ces économistes un peu particuliers font de plus en plus l'objet de critiques. Michael Porter, professeur de stratégie managériale, lui aussi ponte d'Harvard, a ainsi été attaqué pour avoir mis en relation la société de conseil Monitor Group avec Saif Kadhafi, le fils du dictateur libyen, permettant de générer pour trois millions de dollars de prestations dans le cadre de la modernisation de l'économie locale et de l'amélioration de l'image de la patrie de Mouammar Kadhafi. Porter, théoricien des « pôles de compétitivité », ira même jusqu'à expliquer, en février 2007, dans les colonnes de *Business Week*, que la Libye « ne fonctionne pas vraiment comme une dictature ». Mis en cause par plusieurs de ses collègues de la Harvard Business School, la direction de la plus prestigieuse université du monde décidera finalement de ne pas le sanctionner en raison de l'absence de liens entre la faculté et Monitor Group. Et cela même si le cabinet de conseil a été fondé par des anciens d'Harvard.

Au-delà de cette affaire révélée par les câbles de Wikileaks, les gourous du management sont surtout accusés d'avoir été pendant des années au service, voire à l'origine, du pire des capitalismes. Celui de managers dont le seul objectif est de faire monter leur cours de Bourse. La feuille de route de cette forme de capitalisme a été établie au début des années 1970 par le futur prix Nobel d'économie Milton Friedman dans les colonnes du *New York Times* : « Dans un système de libre entreprise et de propriété privée, un dirigeant de société est l'employé des propriétaires de l'entreprise. Il leur est directement redevable. Il est de sa responsabilité de mener l'entreprise selon leur souhait, qui est en général de gagner autant d'argent que possible. » Pour arriver à cet objectif, tous les moyens sont bons, même si, précise tout de même le professeur de l'université de Chicago, chantre de la nouvelle école libérale, « il convient de se conformer aux règles – lois et éthique – de la société ».

L'irruption des économistes dans le management des firmes remonte aux plus sombres années du XXe siècle. Après la crise financière et économique de 1929, le monde civilisé voit ses valeurs mises à mal. Le phénomène est décortiqué, dix ans plus tard, par un intellectuel autrichien émigré aux États-Unis dans *La Fin de l'homme économique : les origines du totalitarisme*. Avec le cataclysme de la Seconde Guerre mondiale, Peter Drucker devenu professeur à l'université de Bennington, dans le Vermont, attire l'attention de la General Motors. Dans ses travaux sur « l'avenir de l'homme industriel », il a dressé, en 1943, un portrait de ce que devra être le salarié de l'après-guerre, un homme plus responsable, plus autonome, bien plus qu'une force de production. Le constructeur automobile américain l'invite, pendant deux ans, à étudier ses entrailles pour y trouver ce que pourrait être cette sorte d'homme nouveau du capitalisme. Des usines aux salles de réunion de l'état-major, Drucker découvre un monde et prodigue quelques conseils sur la nécessité de libérer les individus, de donner des objectifs plutôt que des ordres, de mieux connaître le client. Le tout est rassemblé dans un livre devenu une bible : *Concepts d'entreprises*. Les équipes de General Motors ont donné leur feu vert à la publication de l'ouvrage, qui met rapidement dans l'embarras Alfred Sloan : le patron du constructeur automobile n'est pas d'accord pour mettre en pratique les préceptes de Peter Drucker.

Rapidement *Concepts d'entreprises*, suivi de *Pratique du management* deviennent des best-sellers. Drucker qui a rejoint l'université de New York est une vedette : il prodigue ses conseils à IBM, Coca-Cola, General Electric, tient une chronique dans le *Wall Street Journal*. Tous les managers américains se l'arrachent. C'est lui qui les met en garde le premier contre la concurrence asiatique, puis les rassure en leur prédisant la fin du modèle japonais. En 1984, c'est encore lui qui les alerte contre leur propre avidité en les implorant de ne pas se verser de rémunérations plus de vingt fois supérieures aux salaires de base de leurs entreprises. Mais Drucker est dépassé. La nouvelle référence du management est Jack Welch, un patron de choc nommé à la tête de General Electric. Pour réveiller le groupe qui, comme Nokia, s'était endormi sur ses lauriers, il propose un traitement de choc. Son mémo de 1981 intitulé « Se développer rapidement dans une économie à croissance lente » est l'équivalent de la « plate-forme en feu » de Stephen Elop. Inutile de théoriser. Il faut frapper les esprits. Cogner. Vite et fort. En cinq ans, Welch supprime… 112 000 emplois chez General Electric. Le groupe est sauvé, son patron devient une icône. Il est sacré « Manager du siècle » par le magazine *Fortune*. Surnommé Neutron Jack, il se paye un salaire de 4 millions de dollars par an – un record à l'époque – et surtout, il assume. Welch érige en règle de management le fait de récompenser les 20 % les plus performants en actions et en bonus et de se séparer des 10 % les moins performants : « Certains pensent que c'est cruel et brutal. Mais ce qui est brutal et cruel, c'est de ne pas offrir de développement et de prospérité. »

Le welchisme devient une forme avancée du darwinisme capitaliste. Ennemi des bureaucraties générées par les organisations, le manager de General Electric voue un culte à l'individu, à la réussite des meilleurs. Les économistes suivent le mouvement. Ils mettent au point les formules mathématiques permettant de calculer le plus efficacement possible la performance des « hauts potentiels » pour les récompenser en bonus et stock-options. On exhume les travaux sur la valeur économique et les retours des investissements sur les fonds propres d'Alfred Marshall

(1842-1924), un professeur d'économie de Cambridge tombé dans l'oubli, pour inventer *l'economic value added* (EVA). Un ancien de l'université de Chicago reconverti dans la finance, Joel Stern, flaire le filon, dépose la marque et en fait la promotion dans ses chroniques du *Wall Street Journal* et du *Financial Times*. Il est embauché par les grandes business schools américaines (Columbia, Chicago, Carnegie Mellon) pour former les futurs managers des entreprises cotées à Wall Street. Suivant les préceptes de Milton Friedman, ces jeunes gens sont là pour créer de la valeur pour leurs futurs actionnaires, et être rémunérés en conséquence. Durant les dernières années de sa vie, Peter Drucker se désespérera de cette mode. Mais en 1997, il n'est plus guère audible lorsqu'il déclare que lors de la prochaine récession : « Il y aura une avalanche d'amertume et de mépris envers les super-chefs qui se versent à eux-mêmes des millions. » Dépassé par le monstre qu'il a contribué à créer en considérant les managers comme des héros, le gourou des gourous s'éteint en 2005. Le professeur de management britannique Chris Grey, dans sa notice nécrologique pour *The Observer,* dresse un bilan doux-amer de son œuvre : « Il tendit aux cadres dirigeants un miroir les flattant comme les nouveaux héros économiques et culturels, les éblouissant de leur propre image. » Et comme pour mieux enfoncer le clou, Jack Welch lui rendit alors un vibrant hommage : « Le monde sait qu'il était le plus grand théoricien du management. »

Avec Drucker, c'est en réalité toute la théorie moderne du management qu'il faudra bientôt enterrer. Dès 2006, la banque HSBC crée la surprise en passant des provisions dans ses comptes trimestriels pour couvrir un risque mal anticipé sur l'immobilier aux États-Unis : la nouvelle passe relativement inaperçue. Mais la crise des subprimes a commencé, prélude à l'effondrement des modèles enseignés dans toutes les business schools. En janvier 2011, quelques mois avant le scandale provoqué par la révélation de ses liens avec la Libye de Kadhafi, le professeur Michael Porter vient solennellement dénoncer devant le Forum économique mondial de Davos « la vision ancienne et étroite du capitalisme » et la « terreur actionnariale ». Théoriciens du management et économistes se sont remis au travail. À la notion de *Economic Value Added* de Joel Stern se substituent de nouveaux concepts très tendance, comme la *Shared value* – inventée par Michael Porter et Mark Kramer – ou la Responsabilité sociale des entreprises (RSE), qui consiste à mettre en place dans les stratégies, des « allocations sous-optimales de ressources ». L'éthique et la légalité ne sont plus le cadre contraignant que décrivait Milton Friedman, mais une priorité.

« Le développement durable, la transparence, le respect des diversités, ne sont pas des gadgets de communication mais des finalités », s'explique ce jour-là à Davos la présidente de Pepsi Cola, Indra Nooyi. Née à Calcutta, diplômée de Yale, ancienne consultante du Boston Consulting Group, elle est devenue la nouvelle égérie des professeurs bien-pensants des business school. Tout patron du CAC 40 ou du S&P 500 se doit d'avoir lu son livre de management *Des résultats et des finalités* avant de participer à un colloque sur la « crise du capitalisme » ou sur la « croissance équilibrée », passage obligé de toute bonne communication corporate. Mais une fois revenu au bureau, le manager de crise doit bien se colleter aux réalités. Aux choix douloureux des plates-formes en feu. Et les nouveaux gourous du management ne lui apportent plus grand-chose. L'heure est à l'autodestruction. Les travaux de Henry Mintzberg de l'université McGill de Montréal prouvant la nullité des performances des managers formés dans les MBA de Harvard ou Wharton sont un must et Freek Vermeulen, jeune chercheur au look de play-boy, enflamme la London School of Economics en dénonçant la nullité des théoriciens du management qui n'ont rien vu venir.

Le Français Frédéric Fréry, qui enseigne à l'ESCP Europe, s'est lui taillé une réputation par un ouvrage quasi nihiliste intitulé *La Fin du management*. Selon lui, face à la crise et ses imprévus le mieux est parfois de ne pas chercher à bouger. L'inertie et la stabilité de la plate-forme pétrolière dans la tempête sont parfois… un atout. Et si elle brûle pour de bon, c'est vers d'autres océans qu'il faut voguer. Une référence aux travaux de l'Américaine Renée Mauborgne et du Coréen W. Chan Kim, qui opposent les « océans rouges », où les entreprises s'affrontent dans un monde limité, concurrentiel et sanglant pour conquérir et défendre des parts de marchés, aux idylliques « océans bleus » constitués de marchés à défricher par l'innovation rentable (« value innovation »). *Stratégie océan bleu : comment créer de nouveaux espaces stratégiques* a mis du baume au cœur des managers dans la crise. Si tout va mal, repensez votre business, fuyez la tempête pour trouver des trésors en sondant les tréfonds inexplorés des vierges océans bleus grâce à l'innovation technique ou marketing. La référence absolue est bien sûr celle d'Apple qui a généré des dizaines de milliards de dollars en inventant des nouveaux marchés. Faire croire à un manager qu'il peut devenir Steve Jobs est encore le mieux que puisse faire un professeur de management aujourd'hui. *L'Océan bleu*, sans cesse réédité, a déjà été traduit dans plus de 40 langues et a fait la fortune de ses coauteurs qui se trouvent depuis des années en bonne place du classement *The Thinkers 50*. Si le concept fonctionne si bien, c'est qu'il permet d'habiller d'espérance le management de crise. Pendant que l'on brûle les plates-formes de l'Océan rouge, on fait miroiter aux salariés et surtout aux actionnaires la découverte de gisements de valeurs inexplorés sous les eaux calmes de l'Océan bleu. Pas étonnant, à l'arrivée, que l'entreprise soit sérieusement secouée. L'entreprise névrosée est le dernier concept à la mode, celui du Néerlandais Manfred Kets de Vries, professeur à l'Insead et partisan d'une approche clinique du leadership, Pour lui, le management est une affaire de psy. En 2009, alors que la crise ravage les états-majors des grandes multinationales, le gourou publie un livre choc intitulé *Sexe, argent, bonheur et mort, la quête d'authenticité*... Une forme de programme pour l'après-crise.

10. Le destructeur-créateur Joseph Schumpeter a la vie dure

Ce matin du 14 juin 2012, les hommages nationaux se bousculent dans la cour des Invalides, à Paris. À peine François Hollande a-t-il terminé son discours devant les cercueils de soldats tués en Afghanistan qu'arrive le catafalque du banquier d'affaires Antoine Bernheim. L'assistance n'est plus la même et le chef d'État est parti. À côté de John Elkann, l'héritier Agnelli, on observe le ballet des grandes et petites affaires de la République qui se saluent et s'évitent dans un parfum d'ancien régime. Il y a là Thierry Gaubert et Nicolas Bazire, deux proches de Nicolas Sarkozy – qui a assisté aux deux cérémonies –, et des figures historiques de l'establishment du business parisien comme l'assureur

Claude Bébéar ou l'essayiste Alain Minc. C'est Bernard Arnault, principal actionnaire de LVMH dont Antoine Bernheim a fait la fortune (sans que jamais, de son vivant, il ne lui ait exprimé publiquement sa reconnaissance, déplorait le banquier) qui prononce l'éloge funèbre entouré de deux de ses enfants, Antoine et Delphine. Cette dernière, tout de noir vêtue, est venue accompagnée de son compagnon et père de son premier enfant, Xavier Niel. Comme Bernard Arnault, Niel est un proche de Bernheim. Le fondateur du fournisseur d'accès Internet Free et le vieux banquier ont fait connaissance en 2006. Une solide amitié s'est nouée entre eux. Un peu oublié par ses anciens poulains, « Tonio » a même vécu avec Niel une forme de renaissance, qui lui vaudra par exemple de siéger à la fin de sa vie au conseil de surveillance du *Monde*, un journal dont Xavier Niel est l'un des principaux actionnaires. Un renvoi d'ascenseur logique étant donné tous les petits services rendus par Bernheim. Il aura notamment œuvré dans l'ombre du pouvoir pour faire obtenir en 2009 une licence de téléphonie mobile à son ami. Cette décision a instantanément enrichi Xavier Niel de centaines de millions d'euros. Il pointe désormais à la 10e place du classement 2013 des fortunes françaises du magazine *Challenges*, pas loin de Vincent Bolloré, un autre ex-protégé d'Antoine Bernheim.

Dans le même classement, la fortune de Martin Bouygues ne cesse de régresser loin derrière celle de Niel. Le principal problème du roi du BTP n'est pas la conjoncture économique, ni même la chute d'audience de sa chaîne de télévision, TF1, mais son troisième métier : la téléphonie. Bouygues Telecom est le bébé de Martin, la seule activité du groupe dont il n'a pas hérité de son père Francis. Comme Niel, il a mis une partie de sa fortune, toute son énergie et ses réseaux en branle pour obtenir du gouvernement une licence de téléphonie mobile qu'il a fini par arracher au début des années 2000 aux côtés de l'opérateur historique, France Télécom, et de SFR. Engagé dans ce marché avec l'argent de sa famille, Martin Bouygues a arraché point par point des parts du gâteau. Jusqu'à ce que le gouvernement de François Fillon décide d'y inviter un nouvel entrant. Le choc sera rude. L'offre présentée par Xavier Niel, très agressive, déstabilise toute l'économie du secteur. Des millions de Français vont résilier leurs abonnements pour rejoindre Free. Pour la bande des trois que Niel ne cesse de moquer, c'est la catastrophe. France Télécom doit revoir son organisation, le patron de SFR est congédié et Martin Bouygues passe ses journées à tenter de contrer Free. Il doit réinventer des offres, baisser ses tarifs et réduire ses coûts. « Des milliers d'emplois sont en jeu », explique-t-il. Il a par exemple décidé de rompre les contrats le liant à des sous-traitants comme le distributeur The Phone House ou des sociétés gérant des plates-formes d'aide technique et commerciale (call centers). À l'intérieur même du groupe, des reclassements sont prévus. Alors que la France se débat avec la crise, l'arrivée de Free, selon lui, provoquera… 50 000 pertes d'emplois. Pour une fois, le patron partage la même vision que les syndicats. FO, par exemple, mentionne une fourchette de 30 000 à 60 000 destructions de jobs.

Et les Français ? Ils adorent. L'arrivée de Free permet de baisser leur facture téléphonique sans même changer de fournisseur – les opérateurs préexistants ont été contraints de se montrer moins gourmands – et les suppressions d'emplois ne sont pas si graves. Beaucoup des jobs concernés étaient de toute façon délocalisés au Maroc et en Tunisie. Au pire, les emplois perdus seront recréés ailleurs.

C'est là qu'intervient Joseph Schumpeter.

Personne ne connaît très bien le parcours de l'ancien ministre de l'Économie autrichien – c'était dans les années 1920 – mais tout le monde a entendu parler du concept de « destruction créatrice ». C'est un peu le même que celui de Robin des bois. Quand des grandes entreprises se mettent d'accord entre elles pour plumer les consommateurs, un héros – en l'occurrence un entrepreneur – arrive dans leur pré carré avec une innovation. Il détruit les positions établies, met à bas les bureaucraties et permet une saine régénérescence. Apple est venu bousculer Microsoft qui avait dézingué IBM. Free est dans le même rôle en canonnant les positions de la « bande des trois » de la téléphonie française. Grâce à ce sain processus, explique Gilles Babinet, un proche de Xavier Niel, qui a créé et présidé sous Nicolas Sarkozy le Conseil national du numérique, « un fabricant de carrioles à chevaux a pu disparaître au profit d'un constructeur automobile, mais les gains de productivité ont permis une hausse massive des richesses créées ». Et à l'arrivée, il y aura bien plus d'emplois créés dans le secteur automobile qu'il n'y en avait dans celui de la traction à cheval.

Simple, efficace, la théorie de la « destruction créatrice » de Schumpeter revisitée par les champions du Net. L'Arcep, l'autorité de contrôle des télécoms en France, n'aime d'ailleurs rien de plus que de s'y référer pour justifier son soutien à l'arrivée de Free avec l'assentiment de l'opinion publique. En juin 2012, dans sa lettre hebdomadaire cet organisme fait référence à un sondage BVA-Avanquest pour *Challenges* et BFM Business selon lequel 63 % des Français « adhèrent au concept schumpétérien de destruction créatrice et pensent que la création d'emplois sera plus importante que la destruction ». Jean-Ludovic Silicani, qui préside l'Arcep, a fait ses calculs. Ce ne sont pas vraiment les mêmes que ceux de Martin Bouygues. Selon lui, l'ordre de grandeur des destructions d'emplois générées par l'arrivée de Free dans la téléphonie sera limité dans une fourchette de « 5 000 à 10 000 en brut ». En brut, car le chiffre – précise le haut fonctionnaire – ne tient pas compte des emplois éventuellement créés par Free. La mauvaise graisse de l'oligopole serait remplacée par du pur muscle, avec les emplois nouveaux générés par le nouvel entrant innovant. Ce dernier, dans un texte publié par *Les Échos*, toujours en juin 2012, ne s'est d'ailleurs pas fait prier pour expliquer qu'il avait déjà recruté 1 500 personnes en un an sur son activité mobile, sans compter « les nombreux emplois indirects ». De toute façon, insiste Xavier Niel, dans ce texte qui aurait pu être signé Jospeh Schumpeter « un oligopole est rarement vertueux ; l'emploi et l'investissement ne sont pour lui que des préoccupations de second rang ».

De la théorie économique de comptoir ! selon Bruno Deffains. Ce professeur de l'université Panthéon-Assas, qui préside l'European law and economics association, est parti en guerre contre la « face obscure de la concurrence » représentée, selon lui, par Xavier Niel qui se contente de profiter d'une décision réglementaire et politique pour « forcer la place ». Selon ses calculs, Free va détruire sur trois ans… 61 600 emplois. En net, le chiffre tombe à 55 000. Autant dire qu'il s'agirait d'une catastrophe nationale. Deffains, qui a envoyé au *Monde*, sans succès, son article pour publication, connaît ses classiques : « D'aucuns évoqueront Schumpeter, pour y voir un effet de destruction-créatrice. La baisse des prix libère du pouvoir d'achat, les consommateurs reporteront celui-ci en achats de biens et services qui créeront au moins le même nombre d'emplois dans l'économie française. » En effet, c'est exactement ce à quoi Xavier Niel fait référence en expliquant que son offre à bas prix va dégager un « gain de pouvoir d'achat considérable, des milliards qui vont être dépensés sans délai dans d'autres secteurs de l'économie, soutenant emploi et investissement ». Pour l'universitaire Bruno Deffains – dont la prose sera finalement publiée par *Les Échos* – « Il faut sortir d'une conception éculée de l'économie comme système hydraulique fermé où des baignoires pleines se vident pour remplir des baignoires vides. » Tout ce charabia pseudo-schumpeterien serait au mieux une « vision optimiste et naïve du fonctionnement de l'économie », au pire un « argument cynique ».

Le problème est que la « destruction créatrice » est devenue l'alpha et l'omega de l'économie post-moderne. Des universitaires comme Edward Prescott et Finn Kydland ont récupéré et théorisé le concept à la sauce libérale dès les années 1980 en expliquant que l'instabilité économique provenait de l'offre générée par le progrès technique, qui est par définition imprévisible. Et comme les bénéfices induits à long terme sont supérieurs aux inconvénients à court terme, il est absurde de vouloir le réguler. Des jobs disparaissent ? Pas de panique, grâce à l'innovation, au numérique, il s'en crée ailleurs et il n'est pas même indispensable que l'État s'en mêle. Il suffit de laisser faire les entrepreneurs.

Le numéro un mondial du conseil en stratégie, McKinsey, a fait de cette théorie un vrai fonds de commerce. Pas un rapport gouvernemental sur les investissements d'avenir, pas un programme politique sur l'innovation sans qu'on se réfère aux travaux du McKinsey Institute, au bonheur de la « destruction créatrice » que procure la révolution technologique de l'Internet. La crise fait monter le chômage de masse un peu partout ? Pas grave. Le capitalisme est habitué, il en a vu d'autres. Et l'innovation va lui permettre de rebondir. L'économie américaine est fauchée par la crise immobilière et financière ? Elle a sécrété dans le même temps, en son sein, 600 milliards de dollars de valeur grâce à Apple. L'innovante Silicon Valley est là pour venir au secours d'un capitalisme fatigué et bafoué par Wall Street. Le numérique à la rescousse de l'économie réelle. Voilà le scénario que livre McKinsey, invité en mars 2011 à Bercy par Éric Besson, le ministre de l'Industrie de Nicolas Sarkozy, à présenter ses travaux à la presse. Selon ses experts, la contribution totale d'Internet à l'économie mondiale s'élève déjà à 8 000 milliards de dollars par an. Alors que nombre de pays de l'OCDE sont ravagés par la crise, l'étude de McKinsey nous révèle que cette technologie « a réussi en quinze ans à augmenter les standards de vie des pays développés dans la même proportion que ce que la révolution industrielle du XIXe siècle avait permis en cinquante ans, soit un gain de 500 dollars par an par habitant ». Pour prendre l'exemple de la France, « 500 000 emplois ont été supprimés en quinze ans, mais 1,2 million d'autres ont été créés ». Internet crée des jobs et, mieux encore, libère du pouvoir d'achat, un des arguments chocs de Xavier Niel et de Eric Schmidt, patron de Google, le géant américain du secteur qui, au passage, finance les travaux du McKinsey Institute. Le tout est bien entendu bourré de références académiques à Joseph Schumpeter.

À ce stade, il convient de faire un arrêt sur image. Qui est vraiment Schumpeter, cette idole de la mondialisation en crise à qui l'hebdomadaire *The Economist* a donné depuis 2009 le nom à l'une de ses rubriques régulières ? Et quelle est l'origine de sa théorie de la « destruction créative » ? D'abord, il semble que l'intellectuel autrichien ait appliqué le concept à sa propre vie. Une vie faite de ruptures et d'échecs. Il étudie le droit et la sociologie mais enseigne l'économie. Il déteste les mathématiques mais devient célèbre dans le monde académique en 1908 avec un traité de statistiques. Il quitte son pays pour Londres à vingt-trois ans, se marie, oublie de divorcer, se retrouvant donc bigame lors de ses deux suivantes épousailles. Refait sa vie au Caire comme avocat. Puis devient professeur à Czernowitz, aujourd'hui situé en Ukraine. Brièvement ministre des Finances à Vienne – pendant huit mois – il dirige ensuite une banque qui fera faillite. S'installe à Bonn, puis fuit le nazisme pour émigrer aux États-Unis où il enseigne à Harvard jusqu'à sa mort. Dans l'œuvre foisonnante qu'il laisse – plus de 200 articles et ouvrages – on se perd un peu. Boulimique, partisan d'une économie en mouvement et pluridisciplinaire, il a beaucoup emprunté à droite et à gauche. C'est par exemple lui qui a exhumé les travaux de Nicolaï Kondratieff pour les enjoliver, un obscur statisticien soviétique qui passera grâce à Schumpeter à la postérité avec ses cycles longs. Un must des programmes scolaires.

Pour la « destruction créative » les emprunts sont plus discrets. Le vrai théoricien du concept est un Allemand dénommé Werner Sombart. Un intellectuel pas vraiment recommandable. Alors que Max Weber étudiait sagement le rôle des protestants dans le développement économique, Sombart, lui, a publié un ouvrage équivalent sur les juifs. Paru en 1911, *Les Juifs et la vie économique* est clairement pro-sémite, mais il sera utilisé ensuite par la propagande nazi. Un parti pour lequel, comme de nombreux intellectuels socialistes, Sombart éprouvera une certaine fascination avant de lui tourner le dos. Mort en pleine guerre, en 1941, Sombart n'aura droit qu'à un suspicieux oubli. Avec son contemporain Heidegger, il est catalogué parmi les intellectuels ayant eu des accointances avec le nazisme. L'université de Princeton, qui possède les droits sur ses œuvres, n'a pas même osé les traduire en anglais.

Bref, ce personnage un peu extravagant, fils de grand bourgeois, sociologue reconnu et proche de Friedrich Engels est tombé dans les oubliettes de l'histoire économique. Plus personne ne sait, par exemple, que c'est lui qui a contribué à la généralisation de la comptabilité double et qui a inventé plusieurs concepts destinés à traverser le siècle comme le mot de « capitalisme », jamais employé en tant que tel par Karl Marx et, bien sûr, l'expression « destruction créatrice » (ou créative). Il faudra attendre en 2005 les travaux d'Hugo et Erik Reinert pour réaliser que

« contrairement à une idée répandue, le terme de destruction créative a été pour la première fois appliqué à l'économie non pas par Schumpeter, mais par Werner Sombart, l'économiste qui a le plus été influencé par Nietzsche ».

Nous y voilà : la réussite de Steve Jobs ou Xavier Niel prend figure sous un nouveau jour. L'entrepreneur célébré par Sombart et Schumpeter, fer de lance de la destruction créatrice, celui qui est animé non pas par l'appât du gain, mais par des mobiles irrationnels telles « la volonté du vainqueur et la joie de créer », est un héros nietzschéen. Sombart, qui a décortiqué bien avant Schumpeter comment le capitalisme sécrète de l'innovation pour survivre, ne cesse de se référer au célèbre philosophe moustachu qui a inspiré les fumeuses théories nazies sur les surhommes. Un voisinage intellectuel sulfureux dont Joseph Schumpeter, prudent, préférera rester à l'écart, théorisant tout seul sur l'entrepreneur sans se référer à la pensée de Friedrich Nietzsche ni d'ailleurs à celle de Werner Sombart. Ce dernier avait pourtant tout prévu. Ses pages sur l'hédonisme bourgeois comme aiguillon de l'innovation dans le système capitaliste pourraient très bien s'appliquer à la réussite des produits d'Apple dont le design est conçu pour séduire les classes aisées partout dans le monde. Sombart, pour étayer sa théorie pré-schumpetérienne, prenait comme exemple l'industrie du luxe. Un autre secteur où la « destruction créatrice » est sans cesse à l'œuvre en ce début de XXIe siècle.

L'entrepreneur schumpétérien n'est pas un barbare, ni un héros mythologique, mais il est différent des autres, ceux que Schumpeter appelle les « second couteaux ». C'est un chef, quelqu'un qui a « cette faculté d'agir sur autrui qu'on peut désigner par les mots d'autorité et de poids ». Il est un peu à l'image de Joseph Schumpeter lui-même, faisant partie d'une élite, capable sans cesse de surprendre et de séduire par sa prestance et son QI. Son biographe, Thomas McCraw, professeur à Harvard, le décrit, extatique, comme « un mélange de George Clooney et d'Albert Einstein ». En bon héros nietzschéen, l'entrepreneur sosie de l'acteur et du génie lutte contre le déclin général engendré par ses « adversaires naturels » que sont les bureaucrates et les intellectuels qui ne cessent d'entraver le « jaillissement de la création ». On l'aura compris, le héros schumpetérien est du côté de la force. Contrairement à l'image d'Épinal, dans les cours qu'il dispensait à Harvard, l'économiste ne décrivait pas seulement les créateurs d'entreprises, mais célébrait surtout les managers des grandes entreprises américaines qui, à l'image d'US Steel, « révolutionnent incessamment de l'intérieur la structure économique, en détruisant continuellement leurs éléments vieillis ». AT&T, General Electric et DuPont de Nemours furent aussi citées en exemple par le professeur Schumpeter malgré leurs positions dominantes. Partant du constat que la concurrence a tendance à s'autodétruire, à la différence des libéraux, Schumpeter considère en effet que cette évolution n'est pas néfaste : « Pour lui l'apparition de monopoles est le moyen de prolonger le dynamisme de l'entrepreneur », note l'historien de l'économie Jean-Marc Daniel. « Il croyait que les grandes entreprises étaient à la fois à la source et à l'aboutissement de la victoire de l'innovation », ajoute Robert Solow qui côtoya le grand homme à Harvard, de 1945 à sa mort, à l'âge de soixante-six ans, en 1950. Le prix Nobel d'économie décrit, dans un texte publié par le site *Economist's View*, un personnage aigri et vieilli qui s'énerve contre la faiblesse de la démocratie et la façon dont l'opinion publique américaine méprise ses grandes entreprises.

C'est l'époque où l'intellectuel autrichien prédit comme Nietzsche la victoire des faibles et des seconds couteaux et estime que le capitalisme américain à terme est condamné. C'est l'époque où il anticipe même une victoire du socialisme planifié dans ce pays. « Mieux vaut passer vite sur sa fin de carrière, poursuit Solow, son meilleur livre remontait à 1911 et ses cours étaient parfois à la limite de l'incohérence, très souvent décevants. En 1939, ses deux volumes sur *Les Cycles des affaires*, conçus pour contrer la *Théorie générale* de Keynes, ne rencontrèrent aucun succès. » Peut-être, mais malgré la vogue keynésienne de l'après-guerre Joseph Schumpeter reste à cette époque un des économistes vivants les plus célèbres. L'université de Yale, rivale d'Harvard, essayera d'ailleurs de le débaucher et il ne restera qu'après la signature d'une pétition admirative signée de ses collègues et élèves... Outre Robert Solow, parmi eux se trouvaient de nombreuses futures stars de la discipline comme Wassily Leontief, Richard Goodwin, John Kenneth Galbraith, Gottfried Haberler, Paul Sweezy, Paul Samuelson ou James Tobin. De quoi assurer sa postérité.

Aujourd'hui, on l'a vu, son fan club est plus fourni que jamais. Idole de *The Economist* et du *Wall Street Journal*, Schumpeter revisité par les rois de l'économie numérique offre LE modèle de croissance du XXIe siècle. Depuis 2000 et l'apparition de la « nouvelle économie », il est même devenu ringard ne pas être schumpétérien. Pendant que les Américains se surendettaient, Alan Greenspan, le président de la Réserve fédérale américaine, s'y est même mis en célébrant « l'éminent professeur de Harvard » qui avait décrit ce « processus continu par lequel les technologies émergentes chassent les anciennes ». De ce côté de l'Atlantique, on est tout autant fasciné. Les concepts schumpétériens comme les « grappes d'innovations » truffent le programme adopté par les gouvernants européens en mars 2000, connu sous le nom d'Agenda de Lisbonne. La bulle Internet s'est violement dégonflée en 2001 ? Peu importe, la vérité est toujours schumpétérienne. En juillet 2008, alors que se profile la plus grave crise économique de l'après-guerre trois économistes français, Jean-Paul Betbèze, Jean-Michel Charpin et Christian Saint-Étienne signent un texte commun pour affirmer que « le retour de Schumpeter s'organise comme la seule voie de croissance possible ».

Devenu le cœur même de la pensée unique post-moderne, le schumpetérisme à la sauce numérique résiste-t-il aux faits ? Pas évident. C'est là où revient en course l'élève mauvais coucheur de Joseph Schumpeter, Robert Solow. L'année même de son prix Nobel, en 1987, il énonça son célèbre paradoxe : « Vous pouvez voir de l'informatique partout, sauf dans les statistiques de la productivité[1]. » En triturant des séries statistiques, il a découvert que l'informatisation de l'économie américaine depuis le début des

1. « You can see the computer age everywhere except in the productivity statistics. »

années 1970 allait de pair avec une baisse des gains de productivité. Loin de créer des emplois nouveaux et de la valeur ajoutée, ces technologies contribuent à embourber l'économie. Un constat que chacun peut faire, en observant par exemple que l'usage généralisé des ordinateurs n'a pas réduit la paperasserie ni détruit les bureaucraties, bien au contraire. Pas de panique dans la tribu schumpétérienne. Il suffit de consulter la volumineuse théorie des cycles de l'économiste pour comprendre. Il est logique que l'innovation technologique crée du chômage durant une période d'adaptation. Même Robert Solow finit par partiellement battre en retraite en déclarant en 2000 : « Il est possible que ce soit la fin du paradoxe des ordinateurs, mais je n'en suis pas sûr. » Depuis, les ordinateurs ont continué de se propager, dans les téléphones, les tablettes... Depuis, pour la première fois depuis les années 1960, les États-Unis ont globalement perdu des emplois. Mais contrairement au constat du « paradoxe de Solow » la productivité s'est mise à grimper en flèche.

C'est le nouveau paradigme décrit par des économistes comme Erik Brynjolfsson de la Sloan School of Management du MIT ou Brian Arthur du Santa Fe Institute : la « destruction créatrice » existe mais elle ne crée pas d'emplois, elle change les règles du jeu. La phase d'adaptation pourrait bien s'éterniser. Pour Erik Brynjolfsson, les nouvelles technologies devraient fluidifier le marché de l'emploi, alors que le contraire se produit : « Beaucoup de gens n'ont pas la formation nécessaire ou pas assez de connaissances technologiques pour exploiter ces progrès et développer des niches entrepreneuriales. » Bref, la salvatrice destruction créatrice créerait surtout du chômage structurel. Et peu importe d'avoir une économie productive, si personne ne trouve de jobs. Henri Guillaud, l'un des blogueurs français du secteur qui anime le plus ces débats, se demande ainsi dans de longues recensions si l'on ne se dirige pas carrément vers une « innovation sans emploi ». Et de citer Paul Krugman, prix Nobel et éditorialiste au *New York Times* : « Les emplois à faibles et hauts salaires ont progressé rapidement, tandis que les emplois intermédiaires – sur lesquels on compte pour soutenir une classe moyenne solide – sont restés à la traîne. »

La société de consommation, fille de Keynes, aura été celle de l'avènement de la classe moyenne. Celle du numérique, qui se revendique de Schumpeter, va la déstabiliser durablement. En attendant les centaines de milliers de jobs promis par McKinsey et la révolution Internet, le gouvernement de Jean-Marc Ayrault en est réduit à créer des « emplois aidés » peu qualifiés pour freiner la courbe du chômage.

11. Masahiko Aoki, le théoricien du Chindown

Début juillet, Aix-en-Provence est un rêve. La cité du sud de la France n'est pas encore envahie par les touristes et la chaleur y reste supportable. C'est le moment de l'année où Bruno Roger, l'un des plus puissants associés-gérants de la banque d'affaires Lazard, prend ses quartiers. Il organise un festival d'art lyrique, l'un des plus réputés du monde et reçoit, en marge des représentations, patrons, ministres et directeurs de rédaction. Tout l'establishment parisien migre quelques jours à Aix. Avant de se retrouver à la première de *David et Jonathas*, un opéra méconnu de Marc-Antoine Charpentier, l'élite française fait donc ses devoirs de vacances en ce début d'été 2012. Durant la journée, l'économiste de la Compagnie financière Edmond de Rothschild, Jean-Hervé Lorenzi, invite les uns et les autres à s'exprimer sur l'avenir du monde. Une bonne occasion pour les uns de briller, pour d'autres d'écouter et pour tous de nouer de fructueux contacts. Il est de bon ton de se moquer dans son dos de Jean-Hervé, dont les travaux académiques ne passeront sans doute pas à la postérité. Mais le professeur à l'université de Paris-Dauphine, qui s'est rallié in extremis à la candidature de François Hollande, a de très beaux réseaux. Avec son Cercle des économistes, un think tank qu'il a fondé en 1992, il ratisse large et haut. Y compris à l'étranger.

Pour l'édition 2012 de ces « Rencontres d'Aix », dans la cour de l'hôtel Maynier d'Oppède, l'un des plus beaux bâtiments de la ville provençale, on croise Pascal Lamy, le directeur général de l'Organisation mondiale du commerce, le Chinois Min Zhu, numéro deux du Fonds monétaire international ou Jean-Claude Trichet, l'ex-président de la Banque centrale européenne. Mario Monti, le président du Conseil italien et Pierre Moscovici, le tout nouveau ministre français de l'Économie ont aussi fait le déplacement. On est ici entre soi, avec la cool attitude chic qui sied : veste sombre, et chemise blanche en lin sans cravate. Quelques économistes vedettes ont fait le déplacement, comme l'inévitable Nouriel Roubini, pour une fois non rémunéré et qui, comme à son habitude, prédit l'apocalypse en détaillant comment la zone euro va se désintégrer. Jeff Frieden, professeur à Harvard, y va aussi de son petit couplet eurosceptique en annonçant qu'une grande partie des dettes des pays de la zone euro « ne seront pas remboursées ». Les participants aux Rencontres, bercés depuis des mois par l'euroscepticisme ambiant des élites mondiales, ne prêtent qu'une oreille distraite à ces interventions convenues. Tout juste dressent-ils l'oreille en jetant un œil à Jean-Claude Trichet, lorsque Benoît Cœuré, membre du directoire de la Banque centrale européenne, pointe « la naïveté des fondateurs de l'euro ». Au fait, grands patrons et journalistes bien informés savent que Mario Draghi, le nouveau président de la BCE, n'est lui pas naïf, et que la crise de la zone euro sera désormais mieux gérée que sous le règne de son prédécesseur. À force de prendre le problème dans tous les sens, la crise de l'euro a d'ailleurs fini par lasser. Le pire est maintenant « dans les cours », selon la formule consacrée dans les salles de marchés. Même une sortie de la Grèce de la zone euro, le « Grexit », a été anticipée et préparée par toutes les grandes banques internationales. Le vrai problème du monde est ailleurs. Il a été formalisé le 20 juin dans les colonnes du *Financial Times* par l'éditorialiste David Pilling sous un titre choc : « Forget Grexit, it's time to fret about

Chindown » que l'on peut traduire de la façon suivante : « Oubliez la Grèce, il est temps de paniquer sur la chute de la Chine ». Christophe de Margerie, Luc Oursel, Gérard Mestrallet et tous les patrons des multinationales françaises présents aux Rencontres ont depuis longtemps fait leur deuil de la croissance européenne. Leur stratégie consiste désormais à s'accrocher aux pays émergents, devenus les locomotives de la croissance mondiale et donc de leur business. Et voilà que le plus important de ces pays, la Chine, dont la croissance à deux chiffres semble une donnée intangible, donne de sérieux signes de faiblesse.

Un petit homme attire l'attention à Aix. À la différence des autres participants il arbore une veste claire et une chemise sombre. Il va, répétant aux uns et aux autres que l'homme malade de l'économie mondiale n'est pas tant l'Europe que la Chine. Le Japonais Masahiko Aoki, professeur à Stanford, explique que ce pays est à un tournant, qu'il pourrait bien se retrouver plus vite que prévu confronté à un ralentissement de son rythme de croissance annuel à 5 % ou 6 %. Une véritable catastrophe pour l'économie mondiale, mais aussi pour un pays dont le pacte social est basé sur un rythme de croissance minimal évalué à 7 % ou 8 %. En deçà, les experts s'accordent à dire que le parti communiste chinois, qui a jusqu'à présent tenu le peuple grâce à l'enrichissement matériel, risque de se retrouver confronté à une crise sociale de grande ampleur, que tout l'édifice mis en place depuis 1978, savant mélange de dictature politique et de capitalisme, pourrait s'effondrer. Pour Masahiko Aoki, le vieillissement démographique et la fin de l'exode rural sont en train d'enlever à la seconde puissance économique mondiale son principal moteur. Le pays ne disposera bientôt plus de l'inépuisable capital humain sur lequel repose sa croissance. Une croissance qui selon les prévisions de Morgan Stanley de juin 2013 va tomber à 4 %, voire 3 % !

Alors que Pékin traverse une phase de transition politique très délicate, avec la succession de Hu Jintao, les indicateurs économiques sont effectivement en train de passer les uns après les autres à l'orange depuis début 2012, voire pour certains au rouge vif. La baisse du trafic ferroviaire, par exemple, prouve que la conjoncture se ralentit, mais aussi que les migrations internes marquent le pas, corroborant la thèse de l'universitaire japonais. La stratégie de Pékin, depuis quelques années, de se recentrer sur la demande intérieure, pour moins dépendre des exportations, et donc des aléas de grands marchés matures, comme celui des États-Unis, risque de s'avérer inopérante. Le problème ? Le marché intérieur chinois est, lui aussi, bientôt mûr. La Chine va devenir vieille avant de devenir riche.

Reçue au ministère de l'Économie et des Finances lors d'un déjeuner au printemps 2011, la sociologue et sinologue Isabelle Attané engage la conversation avec le ministre François Baroin. Plutôt inexpérimenté, ce quadra du gouvernement Sarkozy est avide d'apprendre les rouages de l'économie mondiale. Il est à l'écoute. Et assimile vite. Il connaît tout des méandres de la crise de l'euro et tapote sans cesse sur son smartphone pour voir où en sont les taux d'intérêts français par rapport à ceux de l'Allemagne. Et voilà que les Chinois, sur qui les services de son ministère comptent pour racheter de la dette d'État, sont eux-mêmes atteints par la crise. Une crise, non pas conjoncturelle, mais bien structurelle. Baroin éteint son smartphone et commence à prêter attention sérieusement aux propos de la jolie universitaire : « À l'horizon 2050, la main-d'œuvre de la Chine, celle qui fait aujourd'hui toute la force de son économie, aura été amputée de 160 millions d'actifs. » Pour elle, la Chine va très mal. Chercheuse au CNRS, avec son livre *Au pays des enfants rares*, elle est venue à Bercy se faire remettre le prix du Livre d'économie. Et elle profite de l'occasion pour tirer le signal d'alarme : « La Chine court vers une catastrophe démographique. » Ce n'est pas une découverte, l'étude des populations relève du long terme et s'anticipe, mais jusqu'à présent, les milieux économiques – fascinés par les taux de croissance de ce pays – ont tout simplement fait l'impasse sur le problème : avec la politique de l'enfant unique que les maîtres de Pékin ont imposée à leur peuple, ils se sont préparé un avenir noir. La locomotive chinoise dont ne cessent de parler les économistes et les grandes entreprises n'aura bientôt plus beaucoup d'allant, à moins qu'elle ne sorte des rails pour de bon. Bien sûr, l'appareil statistique chinois n'est pas très fiable et Pékin pourra toujours manipuler ses chiffres. En septembre 2011, à Dalian, une cité du nord de la Chine où se tenait l'édition asiatique du Forum de Davos, les économistes officiels mandatés par Pékin, à l'image de Li Daokui, donne encore le change en dressant un tableau glorieux du modèle chinois « extrêmement coopératif » vis-à-vis d'un monde occidental en détresse. Pan Wei, autre économiste de renom de la Chine populaire, théoricien du nouveau modèle de croissance de son pays, fait aussi preuve d'un grand mépris vis-à-vis de l'Europe : « Nous n'avons plus peur d'elle parce que nous savons qu'elle a besoin de la Chine, plus que la Chine a besoin d'elle. »

Mais pendant que les économistes chinois continuent leurs rodomontades à Dalian devant un parterre d'Occidentaux extatiques – on y trouve entre autres l'ancien Premier ministre britannique Gordon Brown – les analystes de marchés commencent à s'inquiéter sérieusement. La démographie et les travaux académiques ne sont pas leur fort. Mais ils constatent dans la communication financière des entreprises multinationales que la courroie du « relais de croissance » chinois donne d'inquiétants signes de faiblesse. Une société de gestion, BDL Capital Management, délivre à ses clients investisseurs internationaux, dès l'été 2011, une mise en garde en publiant un petit florilège des « warnings » émis par les entreprises suédoises présentes en Chine. Très instructif. Pour SKF, spécialiste des roulements à bille : « Le marché des camions n'a pas crû au deuxième trimestre. » Pour le conglomérat Sandvik : « Dans le secteur de la construction, vous pouvez voir des signes de faiblesse à cause du resserrement financier. » Pour le fabricant de compresseurs Atlas Corp : « Nous ne voyons pas en Chine le même élan que celui du trimestre précédent. » Les marchés financiers en sont convaincus : alors que certains en sont encore à se demander comment éviter la surchauffe de la croissance chinoise, il paraît de plus en plus évident que là-bas pas plus qu'ici, les arbres ne grimperont jusqu'au ciel. Il est temps de repenser le modèle, de le remettre au sec, car il commence à prendre l'eau de façon inquiétante.

En septembre 2012, il fait encore beau à Paris. C'est donc au soleil, dans les jardins de l'hôtel de Pomereu, une agréable dépendance de la Caisse des dépôts (CDC), que l'on prend un café avec Zhang Xuguang. Ce grand commis de la Chine populaire, responsable des investissements de la China Development Bank, dépense des centaines de milliards d'euros pour financer les infrastructures de son pays, mais aussi pour acheter des mines en Afrique ou des participations dans des sociétés occidentales. Autant dire qu'il occupe le meilleur poste d'observation qui soit. Alors que la Bourse de Shanghai a fortement dévissé pendant l'été et que l'inquiétude du Chindown a gagné le monde, on lui demande d'entrée comment va l'économie de son pays. Et la réponse fuse sous forme d'aveu à peine déguisé : « On était trop optimiste sur la Chine. Aujourd'hui on est trop pessimiste. Ce pays comme tous les autres a ses problèmes et il est exact que la croissance y montre des signes de ralentissement. Même si ce phénomène s'intègre dans un cycle mondial, la Chine doit aujourd'hui faire face à un certain nombre de défis spécifiques. Nous avons par exemple réajusté notre politique immobilière, un secteur où les structures et les investissements peuvent être optimisés. Plus généralement, la politique économique a été réorientée. »

Quelques jours plus tard, à l'autre bout du monde, dans la ville de Tianjin, le Forum économique de Davos tient à nouveau conférence. Le ton n'est plus du tout le même qu'un an auparavant, à Dalian. Les économistes chinois n'en sont plus à faire la leçon à l'Europe, à vanter un modèle supérieur propre à la croissance glorieuse de leur pays. Zhang Weiying, professeur d'économie à l'université de Pékin, explique carrément que la décennie écoulée fut pour son pays « la meilleure pour la croissance, mais socialement la pire. Et, en matière de réformes, c'est une décennie perdue ».

Ge Jianxiong, de l'université Fudan, va jusqu'à asséner qu'il est « absurde de parler de modèle chinois ». Finie l'arrogance, l'heure est à l'introspection et à l'autocritique. Pis, les économistes chinois apparaissent très divisés. Alors que la ligne officielle comprend encore une composante néokeynésienne, en prônant des investissements publics soutenus pour accompagner l'urbanisation de la Chine profonde, Wu Jinglian, un sage à la chevelure blanche, prend la parole pour démonter l'ineptie de ces programmes : « Tous les gouvernements provinciaux ont lancé des projets d'investissement très ambitieux. En début de semaine dernière on évaluait le montant de l'ensemble de ces projets à 7 000 milliards de yuans ; en fin de semaine, on en était déjà à

12 000 milliards et maintenant, on en est à 17 000 milliards ! D'où vient l'argent ? C'est la grande question ! » Pour cet économiste octogénaire, membre d'une instance consultative composée d'experts censés conseiller le gouvernement de Pékin, « quiconque ayant quelques notions d'économie ou d'histoire peut se rendre compte qu'un tel modèle n'est pas durable ».

Les Occidentaux présents à l'édition 2012 du « Davos chinois » de Tianjin doivent, ce jour-là, remonter le moral des troupes saisies du syndrome du Chindown. Un patron américain qui a lourdement investi dans le pays considère que la Chine est « devenue trop dure avec elle-même ». Thomas Friedman, éditorialiste vedette du *New York Times*, prend la parole pour constater que la société chinoise est minée « par un manque de confiance peu propice à l'innovation ». Et l'incontournable Li Daokui de mettre en garde contre cette « anxiété extrêmement dangereuse qui finira par se retourner contre nous ». Voir un officiel chinois en visite à Paris et des universitaires de Pékin et Shanghai en représentation dans une grand-messe internationale reconnaître des signes de ralentissement, admettre que l'économie doit être réorientée, que le modèle doit être repensé fait un drôle d'effet quand, de colloques en conférences, on entend depuis des années des évidences assenées sur le déclin de l'Occident et sur le basculement de l'économie mondiale vers la Chine. Les Chinois seraient-ils atteints par l'angoisse du déclin, qui mine l'intelligentsia occidentale ? On se pince.

Quel chemin parcouru depuis qu'en 2005, le président de la Commission européenne José Manuel Barroso, avait pompeusement jeté les bases de la triangulation de l'ordre mondial du XXIe siècle avec une « coopération eurasiatique sous une direction sino-européenne et une politique asiatique des États-Unis centrée sur la Chine ». Exit l'Afrique, l'Amérique latine et même le reste de l'Asie : en Europe, il n'y en avait plus que pour la Chine. Il est vrai que nombre de travaux académiques faisaient alors le panégyrique du modèle mis en place à Pékin et de la marche de l'Empire du milieu vers le statut de superpuissance. Dès 1998, le sinologue Geoffrey Murray expliquait que du fait de la « force de sa civilisation », la Chine émergera « sans à-coups pour devenir une superpuissance ».

Avec son entrée à l'Organisation mondiale du commerce en 2000, la Chine a accéléré sa croissance de façon phénoménale. De quoi intriguer et enthousiasmer les économistes qui tournent en rond depuis des décennies entre les chapelles néokeynésiennes et néolibérales. Théoricien de l'école de la régulation, selon laquelle les crises sont des processus endogènes au capitalisme, Michel Aglietta, professeur à l'université

Paris-Nanterre et consultant auprès du groupe d'assurances Groupama, est littéralement fasciné. En janvier 2007 il s'extasie – dix ans après Murray – dans un livre cosigné avec Yves Landry sur « la marche vers la superpuissance » du modèle chinois qui privilégie « l'accumulation rapide du capital et l'extraversion de l'économie ». Curieuse myopie alors qu'en 2006 les officiels à Pékin se posaient déjà des questions sur leur modèle et que le Premier ministre chinois viendra dans le courant de 2007 expliquer aux hiérarques du parti communiste, chargés d'élaborer le douzième plan quinquennal, que la croissance du pays est « instable, déséquilibrée, désordonnée, insoutenable ».

Ce plan donnera le coup d'envoi à une nouvelle politique économique, visant précisément à moins dépendre des exportations et de la main-d'œuvre bon marché. Aglietta est aussitôt conquis par ce virage stratégique. Sur les ondes de la radio France Culture, l'universitaire est invité fin 2010 à un débat où l'on se pâme devant les résultats phénoménaux de l'économie chinoise qui résiste à la crise et de son modèle présenté comme « une alternative aux recettes libérales et démocratiques, prônée et parfois imposée par les pays occidentaux ». Michel Aglietta qui aime opposer le calcul égoïste des intérêts, propre à l'économie de marché, aux « normes sociales incorporées par le confucianisme » va ce jour-là disserter sur les atouts du modèle chinois, dont, bien sûr, cette « tradition autoritaire » qui lui donne « de l'efficacité économique ».

Aujourd'hui Michel Aglietta et sa sinophilie débridée n'est plus à l'ordre du jour dans le monde académique. On se rappelle que dans des travaux sur les économies asiatiques remontant aux années 1990, le prix Nobel Paul Krugman avait souligné le danger des croissances reposant sur la seule accumulation des facteurs de production. On se remémore que Stéphane Cieniewski et François Benaroya, deux hauts fonctionnaires français, ont pondu en 2004 une note prophétique d'une cinquantaine de pages sur la longue marche de la Chine vers la « société de prospérité moyenne » marquée par une inquiétante hausse des taux d'investissement et d'épargne, « symptôme patent de sa difficulté à allouer efficacement ses ressources ». On reprend les travaux, qui remontent à 1996, de l'économiste Yanrui Wui (University of Western Australia), remarquant avec inquiétude que le miracle chinois – alors en devenir – sera fragile puisque obtenu par la seule accumulation du capital (les investissements) et du travail (l'armée de main-d'œuvre à bon marché).

Tous ces travaux, Masahiko Aoki les connaît. Il est l'économiste asiatique vivant le plus connu, et vient de présider pendant trois ans l'International Economic Association. Il s'agit là d'un des bâtons de maréchaux les plus convoités du petit bataillon des économistes d'envergure mondiale. Un marchepied vers le prix Nobel qu'ont occupé des monuments de la pensée économique comme Paul Samuelson, Kenneth Arrow ou Robert Solow. Avec sa belle crinière blanche, le septuagénaire est un nobélisable en campagne, lancé dans une entreprise de séduction vis-à-vis de ses confrères. Né à Nagoya et formé à l'université de Tokyo, le jeune homme a ensuite poursuivi son cursus à l'université du Minnesota où le prix Nobel Leonid Hurwicz le repère. Dès 1967, il enseigne à Stanford – il y deviendra professeur en 1984 après un passage à Havard – et entre dans la cour des grands en se spécialisant sur l'étude comparative des différents systèmes économiques et de leurs liens avec les institutions et les cultures locales. Ses théories sur la structure et la circulation de l'information à l'intérieur des entreprises anglo-saxonnes et la « firme J », celle des sociétés japonaises, sont un peu oubliées. Qu'à cela ne tienne, il s'est reconverti dans la macro-économie, qui assure une bien meilleure couverture médiatique par temps de crise. Surtout lorsque comme à Aix, ou au MIT, lors d'une mémorable conférence, le 29 juin 2012, il annonce que « l'Occident n'a pas dit son dernier mot ». Surfant sur l'actualité économique chinoise, Masahiko Aoki bat les estrades pour expliquer que Pékin peut tout juste rêver de rattraper un jour ses rivaux occidentaux, mais pas les dépasser. Le quotidien *Le Monde*, est séduit par le petit homme à qui il consacre une page entière en prélude à sa visite à Aix. Le Japonais de Stanford a le sens du timing. Il arrive à point nommé pour poser les bases théoriques du Chindown. Dans les années 1980, alors que toutes les grandes entreprises américaines voulaient s'inspirer du modèle japonais, il a été le premier à le démonter d'un point de vue micro-économique en détaillant pourquoi ce dernier ne pouvait s'exporter. Aujourd'hui c'est donc le mythe de la croissance à la chinoise, un modèle de développement capitaliste débarrassé des contingences liées à la démocratie, qu'il déboulonne.

Pour Aoki, la plupart des théories des économistes du développement ne tiennent pas la route. Pour une raison simple : le seul étalon fiable en la matière n'est pas le PIB, mais le PIB par habitant. Quand ce dernier atteint un certain niveau, la « phase 2 », l'économie entre dans « le piège du revenu moyen ». La Chine, où les salaires augmentent plus vite que la croissance depuis des années, est entrée dans cette phase dangereuse. Atteindra-t-elle le stade suivant, celui du « revenu par tête élevé » ? Difficilement, en raison de l'énorme poids qu'est le vieillissement de sa population. Une contrainte que l'Europe et, surtout les États-Unis, ont appris à gérer depuis des décennies en augmentant la productivité de leur capital humain grâce à l'innovation et à la formation. D'ailleurs, explique Aoki, les Américains sont en train de nettement distancer les Chinois, grâce à l'excellence de leurs universités et de leurs entreprises technologiques. Alors que Pékin aborde difficilement la phase 2, les États-Unis sont en train de franchir allégrement, et malgré la crise, la phase 3.

Les autorités chinoises, qui ont fait travailler Aoki, en sont parfaitement conscientes. Selon notre ami le banquier Zhang Xuguang : « Le développement de la Chine doit maintenant aller de pair avec une évolution de la créativité. Notre croissance sera plus qualitative et moins quantitative. » Mais le passage à la phase 3 sera long. Parole de Zhang Xuguang : « Quand la vie devient confortable, on a tendance à s'endormir. » Ce qui est arrivé aux économies occidentales, et tout particulièrement à l'Europe après l'avènement de la société de consommation, est en train de se produire en Chine. À une immense et dangereuse échelle. Même Michel Aglietta, pour qui les Chinois continuent d'être un modèle dans leur capacité de réflexion face à la crise, doit l'admettre, la mutation de l'économie engagée par Pékin sera « difficile », et elle se fera « nécessairement sur une dizaine d'années, et non pas sur un trimestre ». Dans le cadre du rythme lent des plans quinquennaux, il ne faudra tout de même pas tarder. Dès 2015, la Chine sera un pays de vieux, dont la population âgée de plus de soixante ans dépassera celle des moins de vingt-cinq ans. À la même date, l'écart entre le salaire moyen d'un Chinois et d'un Américain aura nettement diminué alors même que la productivité augmente plus rapidement aux États-Unis, réduisant à néant la différence de niveau des coûts de production entre les deux pays. Pourtant, le défi de Pékin de peser un jour pour 30 % du PIB mondial n'est pas inatteignable. Selon les travaux d'Angus Maddison, l'économiste-historien du très long terme, cette configuration s'est déjà produite en 1820. C'était avant que la Chine ne s'ouvre, malgré elle, au monde extérieur.

12. Jacques Attali et les nantis de l'économie sociale et solidaire

Ancien conseiller du président François Mitterrand, essayiste et éditorialiste de renom : le sur-diplômé et surdoué Jacques Attali est une figure de l'intelligentsia française. Habitué des colloques internationaux et de Davos en particulier, il s'est mis en tête de créer le sien. La première édition s'est tenue au Havre en septembre 2012. Le LH Forum se définit comme le « mouvement mondial de l'économie positive et solidaire ». Parmi les intervenants, deux jeunes gens retiennent l'attention. Look sobre et trendy, barbe ravissante comme il faut, fluent et cool attitude, aguerris à l'art du pitch, les cofondateurs de Harmless Harvest[1] vont bluffer l'assistance dans

1. La récolte qui fait du bien.

laquelle on reconnaît, entre autres, le leader syndicaliste François Chérèque ou le patron de GDF Suez, Gérard Mestrallet. Sortis de l'Insead, qui délivre l'un des MBA les plus prestigieux du monde, après des passages chez Lazard et L'Oréal, tout ce que le capitalisme financier peut produire de détestable pour la société de consommation, Douglas Riboud et Justin Guilbert font un show de quelques minutes digne des grands moments des Ted Conferences, ces stand up filmés inventés en Californie dans lesquels entrepreneurs, scientifiques ou intellectuels sont invités à refaire le monde ou du moins à faire des propositions concrètes pour l'améliorer. Parfaitement synchro avec des slides où apparaissaient en boucle le mot « ecosystem » et des photos de paysannes asiatiques aux sourires béats, Riboud et Guilbert sont une bonne incarnation de ce qu'est la nouvelle économie « positive et solidaire ».

Il s'agit bien de business d'abord, pas de charité. Il s'agit ensuite d'une révolution, avec ses leaders charismatiques et ses folles ambitions. Le concept d'Harmless Harvest a été créé de toute pièce. Il fallait trouver une activité à forte marge qui puisse faire du bien à l'humanité et permettre de marcher un jour sur les ruines d'un des plus grands symboles de la société de consommation. Donc, nos deux jeunes gens se sont installés sur le marché du soft drink américain pour combattre le leader, Coca-Cola. Quand Coca dépense des milliards dans un marketing déconnecté du produit, Harmless Harvest décide de faire du produit son marketing. La niche qu'ils ont trouvée est celle de l'eau de noix de coco, un marché qui émerge effectivement dans la clientèle américaine bobo et que la plupart des géants du soft ont décidé d'explorer. Mais nos deux amis sont « positifs et solidaires » quand les autres ne sont que des producteurs d'obésité soumis au diktat des marchés et à l'opium du marketing de masse. On aime bien le monde manichéen des tenants de l'économie positive dont Jacques Attali s'est fait le prophète. On espère sincèrement que certains d'entre eux feront fortune et que Harmless Harvest soit cotée un jour à Wall Street. C'est pas mal parti, les deux jeunes gens affirment avoir vendu 3 millions de bouteilles en un an. Précision : malgré leur accent parfaitement new-yorkais, Guilbert et Riboud sont français...

Si des entreprises comme Harmless Harvest sont promises à un beau succès, c'est qu'elles répondent à une demande. Leur marché est gigantesque. Surfant sur la bonne conscience, sur la nécessité de bâtir un monde meilleur, l'économie positive et solidaire est pour Jacques Attali celle qui permettra au monde de sortir de la crise. « Elle est l'inverse de l'économie inégalitaire qui a poussé à l'endettement général et précipité le monde dans la crise », nous explique-t-il au Havre avant que François Hollande, en direct live, via une retransmission depuis l'Élysée diffusée sur un écran géant ne lui confie une mission sur le sujet. Après avoir planché sur la « libération de la croissance » pour le président Nicolas Sarkozy en 2007, il devra donc, pour le compte de son successeur à l'Élysée, faire un état des lieux de l'économie positive. Les 600 participants au LH Forum peuvent applaudir à tout rompre : le gouvernement socialiste a trouvé avec ce thème son mantra. Ni capitaliste, ni marxiste, voilà enfin la troisième voie dans laquelle peut s'engouffrer le gouvernement socialiste.

Pour ce faire, Benoît Hamon, étoile montante de la gauche française, avec son look de bad boy un peu viril s'est vu octroyer par François Hollande un strapontin dans le gouvernement. À Bercy, où ont été nommés pas moins de sept ministres pour piloter l'économie française en crise, il a hérité d'un portefeuille un peu baroque : celui de ministre délégué à l'Économie sociale et solidaire et à la Consommation. Le 7 février 2013, il a réservé le grand amphithéâtre du ministère. C'est son jour de gloire. Alors que le ministre s'apprête enfin à prendre la lumière des médias avec un projet de loi à son nom, qui portera sur la protection des consommateurs et le développement de l'économie sociale et solidaire (ESS), il a souhaité donner à son action un fondement académique. Il a donc organisé un colloque, au thème aussi alambiqué qu'ambitieux : « Penser et construire de nouveaux référentiels pour concevoir les politiques économiques de demain. » À partir de là, on s'attend à une maigre assemblée d'idéalistes écolos. Erreur : l'auditorium de Bercy est comble tandis que, sur scène, se succèdent chercheurs au CNRS et professeurs d'universités. On retient du discours d'ouverture de Paul Jorion, icône des alters, que l'économie solidaire se cherche toujours, après avoir connu son heure de gloire entre... 1820 et 1848. Les fondateurs de Harmless Harvest ne sont pas là, mais on ressent le même optimisme qu'au LH Forum à écouter les intervenants qui attendent des nouvelles technologies de communication qu'elles poussent... à la mondialisation de l'économie solidaire. Du discours de clôture de Benoît Hamon, ignoré des médias, on ne retiendra rien, pour être parti avant la fin.

Retour au réel quelques jours plus tard. Loin des élucubrations mondialo-écolo-solidaires, le ministre s'est laissé rattraper par la viande de cheval, transformée en pur bœuf par la grâce de quelques escrocs mondialisés. Qui lui ont permis d'être enfin interviewé par les chaînes d'info, où il s'est montré menaçant et martial : « Qu'il s'agisse de faute ou de fraude, il y aura des sanctions ! »

Et les sanctions ne tardent pas. Les escrocs sont repérés. L'entreprise incriminée dans le scandale de la viande de cheval s'appelle Spanghero. Pas de chance pour Benoît Hamon, il s'agit d'un des fleurons de l'économie sociale et solidaire, secteur dont il a la charge et sur lequel il compte, avec ses amis universitaires, pour « construire les politiques économiques de demain ». Spanghero, une PME fondée par une célèbre famille de rugbymen, a en effet été rachetée en 2009 pour un euro symbolique, non par une multinationale ou un fonds d'investissement, mais bien par la coopérative Lur Berri, qui appartient à 5 000 agriculteurs du Sud-Ouest. « Profondément ancré en Pays Basque, le groupe Lur Berri cherche, autour d'un projet coopératif centré sur les valeurs humaines, à valoriser les atouts de son terroir », explique le site Internet de ce pilier de l'économie sociale et solidaire. D'un point de vue financier, Lur Berri est une belle réussite et la société coopérative a profité de la crise, pour se payer, outre Spanghero, la marque de foie gras et de saumon fumé Labeyrie, ce qui lui a permis de passer le milliard d'euros de chiffre d'affaires. Une croissance à tout crin qui a été menée en partenariat avec le fonds d'investissement LBO France, qui lui, ne fait du coup pas du tout partie de l'économie sociale et solidaire mais du capitalisme pur et dur que dénonce le même Benoît Hamon.

Du coup, on n'insistera pas trop : le gouvernement va très rapidement redonner son agrément à l'entreprise et orienter les médias vers autre chose. Arnaud Montebourg, ministre du Redressement productif, qui a théorisé en 2012 les bienfaits du mouvement coopératif et mutualiste pendant sa campagne pour les primaires socialistes est un ami de Benoît Hamon. Il a justement reçu une lettre de Maurice Taylor, un capitaliste américain, patron du groupe Titan, qui attaque de façon abrupte le modèle social français à propos d'un autre dossier chaud du moment : Goodyear France. Montebourg fait fuiter la missive dans la presse et rend publique la réponse bien sentie qu'il lui a faite. Les choses sont remises dans l'ordre. Les médias retrouvent leurs repères avec l'apparition miraculeuse de ce méchant capitaliste yankee qui déteste autant les syndicats que l'Europe et n'a sans doute jamais entendu parler de l'économie sociale et solidaire. Mais, en grattant un peu, on se rend compte que Maurice Taylor est le produit de ce que peut fournir de mieux le capitalisme. Ancien ouvrier, il a fait fortune par le travail et le mérite. Et Taylor n'a pas oublié d'où il vient. Ses ouvriers sont parmi les mieux traités des États-Unis.

Mais pour le gouvernement socialiste français, le capitalisme ne peut être un bon modèle. Toutes les études prouvent que l'opinion publique déteste les patrons, le profit et tout ce qu'il représente. Alors, pour rendre le capitalisme acceptable, pour le « corriger », il faut lui donner un visage humaniste. Le parti socialiste, historiquement issu du marxisme, dans sa transition théorique vers la social-démocratie n'admet le marché que s'il est mâtiné d'économie sociale et solidaire. Jean-Marc Ayrault en fait l'un des piliers de son « nouveau modèle français », un terme inventé par Philippe Guibert, chef du service d'information du gouvernement. L'économie positive et solidaire pour les technocrates et les militants socialistes, parce qu'elle permet de concilier, selon les termes du Premier ministre, « compétitivité et solidarité » a tous les avantages. Fini les vieux hippies et les jeunes gens coiffés de bonnets péruviens. Fini les coopératives ouvrières poussiéreuses et les mutualistes francs-maçons. Non, l'ESS des ministres français et de leurs équipes est résolument moderne et ancrée dans le XXIe siècle. Elle est même capable de lutter à armes égales contre les géants du capitalisme. Jacques Attali, qui a lui-même créé avec PlaNet Finance une petite multinationale faisant la promotion du micro-crédit, alternative au système bancaire traditionnel, est sûr de son fait. Cette économie du futur qui rend le monde plus heureux n'est pas une utopie. Elle existe déjà : « Elle n'est ni marginale, ni subventionnée. Elle crée des emplois, elle dégage des profits et elle est en forte croissance. Elle rassemble entre 5 et 10 % du PIB mondial. Elle joue un rôle de stabilisateur dans la crise dans la mesure où elle est fondée sur l'altruisme, et non pas sur l'individualisme, qui est à la racine des maux actuels. Elle est aussi importante que l'était le capitalisme quand, au XIIe siècle, il se développait dans les interstices du féodalisme, jusqu'à le remplacer. » Bigre, voilà la révolution lancée.

Une révolution soft où les salariés se réapproprient leurs entreprises, où les clients sont considérés comme des êtres humains et pas de simples consommateurs, où le profit est au service du bien commun et de la planète. Et sans que cela ne coûte trop d'argent à des pouvoirs publics dont les finances sont de toute façon exsangues. Il ne s'agit pas de construire des ponts ou des routes, mais d'accompagner une révolution sociétale en cours. Les ambitieux ministres socialistes Arnaud Montebourg et Benoît Hamon ont bien des raisons de construire leur destin sur les bases de ce modèle économique. Leurs équipes de hauts fonctionnaires aussi. Car l'ESS est un rêve de technocrate. Major de Polytechnique et énarque, Jacques Attali, encore lui, explique que « pour en accélérer l'avènement, il faudra bien des réformes, dans chaque pays et à l'échelle mondiale. De nouvelles règles de droit, de nouveaux statuts d'entreprises, de nouveaux modes de financement et de mesure de son impact sur le bien-être des générations futures ». Ce magnifique chantier est lancé. Lors du conseil des ministres du 5 septembre 2012, François Hollande et Jean-Marc Ayrault ont établi la feuille de route : « Le gouvernement veut faire de l'économie sociale et solidaire une composante importante des différentes politiques prioritaires en cours [participation des employeurs de l'économie sociale et solidaire à la Grande conférence sociale, emplois d'avenir dans ce secteur, action spécifique de la future Banque publique d'investissement en sa faveur...], reconnaissant l'apport au pays qu'elle assure en matière de production, de redistribution et de création d'emplois non délocalisables. »

La sénatrice socialiste de Paris, Marie-Noëlle Lienemann, figure de l'aile gauche du parti socialiste, se met au travail et boucle un volumineux rapport sur l'énorme potentiel de l'ESS. Et en janvier 2013, en séance plénière, devant un Benoît Hamon aux anges, le Conseil économique, social et environnemental se fait fort de préparer le changement d'échelle du secteur « qui doit dépasser les 10 % du PIB pour prendre toute sa place dans la stratégie globale engagée par le gouvernement pour la croissance, la création d'entreprises, le développement de l'emploi et l'innovation ». Cette noble assemblée (qui dépense 39 millions d'euros d'argent public par an pour rendre des avis purement consultatifs) est le haut lieu de l'ESS. La plupart de ses membres sont nommés « au titre de la vie économique et du dialogue social » ou au titre « de la cohésion sociale et territoriale et de la vie associative ». Il y a aussi des représentants des mutuelles, des coopératives et une quarantaine de places réservées à des « personnalités qualifiées » généralement amies du pouvoir dont le lien avec l'ESS est parfois plus ténu. Tous, en plus de leurs activités professionnelles, peuvent ici émarger pour 3 000 euros par mois et s'assurer d'un beau complément de retraite aux frais des contribuables français. Les 233 conseillers, ambassadeurs de l'ESS, savent se donner le temps de la réflexion et refusent de se plier au court-termisme ambiant. Chaque année, ils font une vingtaine de propositions. En juin 2012, par exemple, ils se sont décidés à réfléchir sur le problème de la dette publique alors qu'à peu près tout le monde avait donné son opinion sur le sujet. La « nouvelle société » que veulent proposer François Hollande et Jean-Marc Ayrault pour sortir sans trop de souffrances la France de la crise est pour eux du pain bénit. Le président de la République, qui a choisi le palais parisien de cette institution pour organiser ses grandes

« conférences sociales », les a d'ailleurs tout à fait rassurés en affirmant que « la France a besoin du Conseil économique social et environnemental ».

Alors, les « sages » se sont mis au travail, ne serait-ce que pour définir les contours de cette nouvelle économie sociale ancrée dans le XXIe siècle. L'enjeu ? Le gouvernement a promis que la nouvelle Banque publique d'investissement débloquerait quelques crédits publics pour favoriser le développement de l'ESS. Et il n'est pas question que la manne puisse profiter à n'importe qui. Nos amis de Harmless Harvest, par exemple, n'y auront jamais droit, ni les dizaines de start up qui se proposent, via Internet, de rassembler des communautés pour financer des projets faisant du bien à l'humanité. À partir du moment où elles sont organisées comme de vulgaires sociétés capitalistes – horreur ! – dont les fondateurs pourraient un jour faire fortune, elles ne sauraient être éligibles. Les sages du Conseil économique et social, dans leur avis du 22 janvier 2013, ont en effet défini le périmètre de l'ESS en fonction, non des objectifs à atteindre – la lutte contre la pauvreté ou le chômage par exemple – mais de leurs… statuts. La coopérative Lur Berri et sa viande de cheval pur bœuf sera sociale et solidaire, mais certainement pas Harmless Harvest qui est une « entreprise de capitaux » et ne partage pas les « valeurs communes » que les sages du Palais de Iéna ont listées : « La solidarité entre membres, la gouvernance démocratique, et l'impartageabilité de la propriété collective. » Les portes de l'ESS, fer de lance de la « nouvelle société », resteront fermées aux jeunes gens capitalistes créateurs de start up qui faisaient le show au LH Forum de Jacques Attali. Les conseillers économiques, sociaux et environnementaux ont tranché. Il n'est pas question qu'ils puissent un jour rêver d'avoir un label leur permettant de bénéficier des financements publics et des cajoleries ministérielles promises aux acteurs de l'ESS : « L'instauration d'un label ou dispositif volontaire de reconnaissance ne présente pas de réel intérêt. » Le Conseil économique social et environnemental n'a de leçon à recevoir de personne. Et surtout pas des blancs-becs du LH Forum qui n'ont jamais entendu parler des sociétés coopératives et ne pensent qu'aux business plans et aux millions de dollars qu'ils vont lever dans les incubateurs des universités américaines. Dans sa loi Benoît Hamon tranchera : pour être ESS, il faut avoir une « lucrativité limitée ».

Au moment où, selon Jacques Attali, « le pays semble manquer de souffle et l'économie manquer de sens », il n'y a pas besoin de réinventer le modèle de l'ESS. Il existe depuis plus d'un siècle et demi. Depuis ce jour de 1844 à Rochdale, une bourgade près de Manchester, une trentaine de tisserands, lassés de se faire exploiter par les manufactures, décida de s'unir pour créer leur propre magasin sous l'enseigne The Rochdale Society of Equitable Pionners. La boutique leur permettra de vivre convenablement et de livrer directement à leurs clients des tissus de bonne qualité à un prix raisonnable. Le modèle coopératif de Rochdale va essaimer en marge de l'avènement du capitalisme moderne. Un immense succès qui se propage à travers toute l'Europe. En Allemagne, Frédéric-Guillaume Raiffeisen fonde des caisses d'entraides aux agriculteurs ; en France les économistes socialistes utopistes, dont Louis-Napoléon Bonaparte est un adepte, deviennent rapidement incontournables. Claude-Henri de Saint-Simon, Charles Fourier, Frédéric Le Play, Hippolyte Carnot, Pierre-Joseph Proudhon : des intellectuels ont construit un immense corpus théorique à l'économie solidaire avec même des travaux pratiques et empiriques, comme les fameux phalanstères. La révolution industrielle du XIXe siècle, comme la révolution technologique des télécommunications de la fin du XXe siècle, provoque l'émergence d'une « nouvelle économie » censée jeter le capitalisme aux oubliettes. Tout ce fatras théorique sera aussi éphémère qu'une bulle. En ce qui concerne celle née à Rochdale, c'est Karl Marx qui se chargera d'y mettre brutalement un terme. Dès 1864, le philosophe dénonce la pensée coopérative « nauséabonde » avec ses « bourgeois philanthropes et sermonneurs » et ses « économistes subtils ». Le marxisme et la lutte des classes finiront par avoir la peau de cette idéologie considérée comme un simple avatar du paternalisme. Il est vrai que le mouvement a été très largement récupéré par le pouvoir politique. Lors de l'Exposition universelle de Paris, en 1900, « l'économie sociale » a même droit à son pavillon officiel.

Autant dire que vis-à-vis des masses laborieuses le théoricien français Charles Gide n'est plus crédible lorsqu'il tente de canaliser toutes les initiatives visant à associer le capital et le travail pour « permettre à la société de se développer dans un sens à la fois efficace économiquement, moral, et respectueux de la liberté individuelle ». Dépité il ne pourra que constater qu'entre son socialisme coopératif inspiré du christianisme social et le socialisme collectiviste, le combat est inégal. Et c'est le second qui triomphera avec l'avènement de l'URSS, un modèle célébré par son propre neveu, André Gide. Disparue des radars, avalée par la lutte consentie entre le communisme et le capitalisme, la malheureuse économie sociale a droit à un enterrement solennel de première classe en 1924 quand le président du conseil radical Édouard Herriot l'institutionnalise pour de bon en créant le Conseil économique et social. Pensée économique décoiffante du XIXe siècle, elle est avalée par le capitalisme malgré l'énoncé permanent de ses « valeurs humanistes ». Les caisses d'épargne et les mutuelles deviennent des banquiers et des assureurs comme les autres, le gaullisme social – raillé par les étudiants révolutionnaires de 1968 – se crashe avec l'échec du référendum visant à généraliser la participation des salariés dans les entreprises ; la Fnac – fondée en 1954 par les utopistes Max Théret et André Essel – est rachetée par l'homme d'affaires François Pinault, et les filatures anglaises ont fermé leurs portes depuis des lustres. À l'heure de la mondialisation et du libéralisme triomphant il ne se trouve plus que les auteurs des manuels d'économie des lycéens français pour parler des sociétés coopératives ouvrières de production. En 2002, l'Organisation internationale du travail a beau recommander la structuration coopérative des entreprises comme gage d'un travail décent, le modèle social et solidaire est totalement marginalisé.

La remise en cause du modèle dominant, qui se produit à chaque crise économique d'ampleur mondiale, est peut-être l'occasion de lui donner une nouvelle vigueur. Pour l'instant, on l'a vu, le débat est stérilisé en France par des querelles de chapelle et la défense du pré-carré des coopératives et mutuelles. La production académique sur ce que pourrait être la nouvelle ESS est proche de zéro. Le chantier est immense. Et les intellectuels n'en sont pour l'instant qu'au stade de la réflexion sur la définition même de ce que pourrait être aujourd'hui cette économie sociale, alternative au capitalisme et au marxisme. On ressort les travaux de Max Weber sur la *Sozialokonomische Wissenschaft* ou d'Emile Durkheim, qui exploraient les approches alternatives à l'économie politique et à la science économique et dominante. Les keynésiens Joseph Stiglitz et Daniel Cohen sortent de leur champ de compétence originel pour étudier la quête du bonheur, qui pourrait être la finalité quantifiable d'une ESS moderne. On triture, en s'appuyant sur l'œuvre du prix Nobel indien Amartya Kumar Sen, le PIB, pour lui substituer des Indicateurs de développement humain (IDH). C'est la première approche. Celle de la finalité. L'économie sociale et solidaire serait celle permettant d'améliorer le bien-être. Ce qui ouvre grand les portes aux entreprises capitalistes qui ne jurent plus, dans leur communication du moins, que par la RSE, la responsabilité sociale des entreprises. Un terme dont toutes les grandes institutions internationales font leur miel. La Commission européenne raffole de cette RSE, qu'elle définit, dans sa novalangue bien particulière, comme le « concept dans lequel les entreprises intègrent les préoccupations sociales, environnementales, et économiques dans leurs activités et dans leurs interactions avec leurs parties prenantes sur une base volontaire ».

L'approche des tenants de l'école française de l'ESS, dont le principal théoricien est Jean-François Draperi, est différente. Ce sociologue habitué des colloques est rédacteur en chef de la Revue internationale de l'économie sociale, une institution connue dans le milieu sous le nom de Recma qui fut fondée en 1921 par les adeptes de Charles Gide. Selon Draperi le mouvement se caractérise « moins par son objet que par sa démarche, qui vise à renforcer le lien social que la concurrence et la compétition économique exacerbée mettent en péril ». Autant dire qu'entre la RSE célébrée au Forum de Davos et l'ESS des héritiers de Charles Gide, du mouvement coopératif de l'entre-deux-guerres, il y a un monde béant. Dans lequel prospère la vacuité intellectuelle des notables du Conseil économique social et environnemental et de la « nouvelle société » du gouvernement français. En 2011, l'universitaire français Hervé Defalvard (Paris-Est, Marne la Vallée), très engagé dans la réflexion théorique sur ces sujets, ne pouvait que dresser un constat un peu désespérant dans le *Journal of cooperative studies* : « L'économie sociale et solidaire manque d'un socle solide pour se développer. » Même son de cloche du côté de Jean-François Draperi :

« Pour concevoir une alternative crédible au capitalisme, il serait nécessaire de produire une théorie générale. » Comme celle inventée, par exemple, en 1936 par John Maynard Keynes. On en est très loin. Pour l'instant, d'un côté à l'autre du spectre, chacun en est à chercher des pistes. Julien Darmon, par exemple, professeur à Sciences Po Paris, a collecté pour l'Institut Montaigne les réflexions de grands patrons français étiquetés à gauche, comme Guillaume Pépy (SNCF) ou Antoine Frérot (Veolia) dans un ouvrage intitulé *Intérêt général : que peut l'entreprise ?* Il en ressort que les entreprises même capitalistes peuvent revendiquer le droit de pouvoir dépasser l'addition d'intérêts privés. Une vision que rejettent tous ceux, qu'ils soient ultra-libéraux ou à gauche de la gauche, pour qui les entreprises capitalistes ne sont animées que par la recherche du profit. Seul point d'accord : ruinés, les États n'auront plus le monopole de l'intérêt général et de la marche vers le bien-être.

La voie est libre. Elle sera occupée à la fois par la RSE des grands patrons, par les sociétés coopératives et productives (SCOP) et l'ESS chères à Benoît Hamon et Arnaud Montebourg et par les start-up couvées par Jacques Attali. Chacun trouvera ensuite son habillage théorique. Comme le dit doctement Julien Darmon : « L'intérêt général est surtout affaire de débats. »

Conclusion

Le syndrome Rogoff-Laval

La scène se passe dans une obscure université américaine entre d'obscurs professeurs d'économétrie et un obscur doctorant. L'université du Massachusetts, à Amherst, ne pointe qu'au 97e rang du classement des facultés du pays. Ici, pas de galeries de portraits de prix Nobel comme à Chicago et à Harvard. L'économiste Robert Pollin, cinquante-trois ans, est plus connu pour être le fils de l'ancien propriétaire du club de basket des Washington Wizards que pour ses travaux académiques. Son livre, *Revenir au plein emploi*, publié en 2012, n'a guère été pris au sérieux par ses confrères. Mais Bob Pollin, avec ses yeux bleus, son bon sourire et sa barbe de trois jours savamment entretenue est un prof cool. Avec l'un de ses collègues de la fac, Michael Ash, il discute avec un étudiant, Thomas Herndon. Ce gamin de vingt-huit ans n'est pas un génie. Mais tout de même. Faut-il accepter qu'un doctorant en économétrie se borne, comme épreuve de réplication, à faire tourner un simple tableau Excel avec des données aussi basiques que le PIB ou la dette publique ? La réplication est un exercice bien connu des étudiants en économétrie. Il consiste à reprendre un modèle existant, à le démonter et à le remonter à l'identique après avoir refait tous les calculs. Thomas, avec ses grosses lunettes et ses cheveux en brosse, est un élève sympa. Alors Bob et Mike le laissent faire. Et Thomas se met à l'ouvrage. Il s'agit de reprendre un célèbre article cosigné en janvier 2010 par Kenneth Rogoff et Carmen Reinhart, deux pontes de Harvard. Le papier est paru dans l'*American Economic Review*, le nec plus ultra des publications de recherches économiques américaines. Mais voilà. Thomas Herndon n'y arrive pas. Il a beau décortiquer le modèle, quelque chose cloche. Alors, c'est la magie d'Internet, il envoie un mail à Carmen Reinhart herself. Moins célèbre que le nobélisable Ken Rogoff, la professeure connue pour son embonpoint et ses bijoux bling bling finit par répondre à l'obscur étudiant. Elle n'a pas le temps de l'aider, mais elle lui communique les données brutes qui ont servi à écrire l'article.

Herndon se remet à la tâche. Et là, stupeur. À observer les séries statistiques historiques ayant servi à élaborer l'article, il manque cinq années pour le Canada et l'Australie, quatre pour la Nouvelle-Zélande. Quant à la Belgique, elle est carrément passée à la trappe ! Il retrouve les données manquantes, les insère dans le tableau Excel et refait tourner le modèle. Qui naturellement diverge par rapport à la version publiée dans l'*American Economic Review* ! Kenneth Rogoff et Carmen Reinhart affirmaient que la croissance moyenne du PIB depuis l'après-guerre chutait de +3 % à -0,1 % en rythme annuel dès que le ratio entre la dette publique et le PIB dépassait le plafond des 90 %. Après les corrections de Herndon, le beau modèle ne fonctionne plus : après le passage des 90 % le décrochage n'est plus de 3,1 points, mais de 0,9 point. Bref, il n'y a plus de falaise de la dette, mais une petite pente douce. Cette info est de la dynamite. Car le plafond de dette Rogoff-Reinhart est le mantra de tous les pères la rigueur depuis 2010. L'étendard avec lequel se parent les austériens dans leur lutte contre les adeptes de la relance keynésienne. Le républicain et très conservateur Paul Ryan, candidat à la primaire américaine, n'a cessé de s'y référer pendant sa campagne électorale ; tout comme le commissaire européen Olli Rehn. À Londres, où le Premier ministre David

Cameron est fier de se faire conseiller par Rogoff, les 90 % sont un dogme auquel se réfère fréquemment le Chancelier de l'échiquier George Osborne. Les sherpas britanniques, pour contrer les experts du FMI et même certains eurocrates devenus sceptiques sur les bienfaits d'une politique d'austérité, ont même réussi à glisser la mention des 90 % dans les premières moutures du communiqué sur lequel doivent s'entendre fin avril 2013 les ministres des Finances du G20 à Washington. Mais il n'y aura aucune trace du « chiffre magique » dans le document final. Et pour cause. Dans le petit département d'économétrie d'Amherst, c'est le branlebas de combat. Thomas Herndon a prévenu ses professeurs de sa découverte insensée. On refait tourner une dernière fois le modèle, on vérifie les échanges de mail avec Carmen Reinhart. Et les trois hommes prennent la décision de publier leur découverte dans les « working papers » de l'université. L'article est lu et relu. Il est très salé et débute de la façon suivante : « Des erreurs de saisie, des omissions sélectives de données et des pondérations non conventionnelles aboutissent à une description gravement tronquée de la relation entre dette publique et croissance par le modèle Reinhart-Rogoff. » C'est une vraie grenade dégoupillée lancée dans le monde académique. Thomas Herndon sait qu'il va provoquer une tempête.

Alors il demande à ses professeurs de cosigner l'article qui est publié le 15 avril 2013. Son nom figurera à gauche, ce qui veut dire, dans les codes de la recherche académique, qu'il est le principal auteur de l'étude. Mais avec les noms de ses professeurs accolés, il se couvre. Car, en face de lui, il y a un monstre sacré de la science économique. Ancien conseiller de Bill Clinton, ancien économiste du FMI, ancien grand maître international d'échecs, Kenneth Rogoff est un génie. En 2009, avec Carmen Reinhart, il a acquis une réputation internationale qui l'a rendu plus craint et réputé que bien des prix Nobel en publiant *Cette fois c'est différent. Huit siècles de folie financière !* Il est LE théoricien de la crise, celui qui maîtrise à la perfection la profondeur historique nécessaire pour analyser calmement et objectivement la situation et faire de sa règle des 90 % une vérité incontestable s'imposant aux économistes et gouvernants du monde entier.

L'affaire va faire un scandale dépassant l'entendement. Mieux encore que la première d'*Hernani*, la pièce de théâtre de Victor Hugo autour de laquelle se sont déchirés en 1830 les intellectuels romantiques et classiques à Paris. Dans cette bataille d'Hernani-là, on trouve d'un côté les austériens et de l'autre les néokeynésiens. En ce mois d'avril 2013, la guerre qui durait depuis des mois et des années atteint son paroxysme. C'est la victoire finale des keynésiens. Kenneth Rogoff doit faire acte de contrition et reconnaître des « erreurs ». Carmen Reinhart a beau expliquer que l'article de 2010 met surtout en avant des « taux médians », et non les « taux moyens » sur lesquels se focalise la critique de Thomas Herndon, les médias s'engouffrent avec délectation dans le Rogoffgate. Les deux professeurs d'Harvard sont ridiculisés. Thomas court les plateaux de télévision, se fait prendre en photo avec sa copine, donne son avis sur la politique économique des États-Unis… Rogoff et Reinhart ont beau prendre la plume dans le *New York Times* en expliquant que leur travail a souvent été « exagéré ou présenté de façon erronée », se perdre dans des explications techniques, se lamenter du lynchage médiatique dont ils font l'objet, des messages abjects qui affluent sur leurs boîtes mail. Rien n'y fait. Leurs ennemis ont gagné. Pire, ils les ont ridiculisé. Dans la sphère académique d'abord. Le prix Nobel Paul Krugman en fait des tonnes. Il rappelle que dès août 2010, il avait mis en cause l'article de ses amis Carmen et Ken en le qualifiant de « foutoir et d'exemple de recherche bâclée ». Charitable, alors que les coups pleuvent de partout sur les deux chercheurs il note que « ce qui importe n'est pas ce que Rogoff et Reinhart voulaient dire, mais la lecture qu'on a faite de leurs travaux ». Pour les keynésiens, c'est le triomphe.

Les austériens sont assiégés et exsangues. En ce mois d'avril 2013 même la Commission européenne craque. Une semaine après le début du Rogoffgate le président de cette institution, José Manuel Barroso, convoque la presse pour reconnaître que « la politique d'austérité a atteint ses limites en Europe ». Fini le plafond des 60 % de dette publique prévu par le traité de Maastricht, enterré le taux Rogoff-Reinhart de 90 % qui lui sert de substitut depuis 2010. L'Allemagne d'Angela Merkel, isolée, peine à défendre ses positions austériennes. L'intransigeant président de la banque centrale germanique, Jens Weidmann, laisse même fuiter l'information selon laquelle la Bundesbank a porté plainte contre la Banque centrale européenne devant la Cour constitutionnelle de Karlsruhe en raison de son laxisme monétaire. À Paris, où le gouvernement socialiste a assisté impuissant à l'enfoncement par la dette publique du plafond des 90 %, on exulte. Si le chômage explose, si le pays entre en récession, cela n'a rien à voir avec les déficits et la dette. Bien au contraire. L'intellectuel Emmanuel Maurel, maître de conférences à Sciences Po et conseiller régional socialiste d'Île de France, exulte. Il faut relancer la machine. En finir avec le diktat de Berlin. Avec Jérôme Guedj et Marie-Noëlle Lienemann, deux autres élus socialistes, il fait adopter par le parti du président de la République un texte dénonçant « l'intransigeance égoïste de la chancelière Angela Merkel ». Après avoir préconisé dès juin 2012 l'abandon de la règle des 3 % de déficits publics par rapport au PIB, Maurel se félicite de voir libérer la France de la règle des 90 %… « À l'époque nous étions les derniers des Mohicans » s'enthousiasme-t-il, persuadé d'avoir terrassé pour de bon les austériens menés par les Allemands.

Le texte du parti socialiste sera finalement adouci pour ne pas trop réveiller de mauvais souvenirs entre la France et l'Allemagne et éviter un dangereux incident diplomatique. Mais voilà où mènent les débats économiques. Car il est des mots imprononçables. Des hantises enfouies dans la mémoire collective qui les rendent indicibles. C'est dans ce non-dit que se trouvent souvent les clés pour comprendre l'économie. Des monstres sortis de l'histoire qui avalent les théories universitaires les plus subtiles. Des preuves supplémentaires que la politique économique est simplement humaine. Impossible de comprendre l'intransigeance « égoïste » de la chancelière Angela Merkel, celle de ses économistes, de ses alliés politiques, de sa banque centrale et sans doute d'une bonne partie de son opinion publique sans se rappeler que pour les Allemands, le malheur absolu ce sont les finances publiques qui lâchent, l'inflation qui apparaît comme seule solution à la résorption de la dette. Des souvenirs associés à la faillite de la république de Weimar, avec ses brouettes de billets et ses épargnants ruinés. Dans les années 1920, avec leur misérable solde de deuxième classe, les soldats français qui occupaient la Rhénanie vivaient comme des nababs, devant une population allemande affamée. D'où la capitulation de la démocratie devant Adolf Hitler. En France, alors que le président François Hollande a renoncé à ses engagements électoraux et a lancé en 2013 un programme sévère d'augmentation des impôts et de réduction des dépenses publiques, aucun de ses ministres, aucun des députés de sa majorité, n'a jamais osé prononcer le mot « austérité », pourtant considéré comme une vertu outre-Rhin ou outre-Manche, où le Premier ministre, David Cameron, est arc-bouté sur une politique de rigueur revendiquée. Le président de la République lui-même, lors d'une intervention télévisée le 28 mars 2013, a répondu, un brin agacé, à ceux qui voulaient du Churchill comme aux heures les plus sombres du XXe siècle : « Pourquoi faire du sang et des larmes ? Il faut donner espoir au contraire. » L'espoir, « le cap », pour reprendre la terminologie de François Hollande ce soir-là, « c'est la croissance ». Tout juste ses ministres auront-ils le droit, dans les éléments de langages qui leur sont transmis par l'Élysée, d'évoquer le « sérieux budgétaire ». Car le discours ambiant en France est bien celui de la mise en avant perpétuelle d'une politique de croissance. « Mes professeurs Michel Pébereau et Jean-Paul Fitoussi nous enseignaient les vertus de la dépense publique en période contra-cyclique », explique Emmanuel Maurel, l'accusateur numéro un de la politique économique allemande, qui ne se définit pas comme faisant partie de la gauche de la gauche, mais comme un « social-démocrate de base ». Cette politique-là, qui ne s'embarrasse ni des 3 % ni des 90 %, est bien plus consensuelle que celle de la rigueur, même quand les finances publiques sont exsangues. Et elle n'est pas propre aux gouvernements socialistes : elle valait tout aussi bien, voire plus, pour le président Nicolas Sarkozy initiateur d'un vaste plan de relance en 2009, qui ne pardonna jamais à son Premier ministre François Fillon d'avoir expliqué au tout début de la crise, en septembre 2007, qu'il était « à la tête d'un État qui est en faillite sur le plan financier ».

Il faut, là encore, remonter aux heures noires de l'entre-deux-guerres, pour comprendre l'allergie à l'austérité budgétaire de ceux qui mènent la politique économique française. Pour conclure notre histoire erratique et très contemporaine de la théorie économique, il convient d'éclairer la réalité des comportements d'aujourd'hui en réalisant un imposant flash-back. Nous sommes au printemps 1935. En Allemagne, la république de Weimar est morte et enterrée et Adolf Hitler est au pouvoir. De l'autre côté du Rhin, les Français, qui se sont longtemps cru épargnés par la crise de 1929, vivent de moins en moins comme des nababs. En cinq ans, le nombre de chômeurs est passé de 13 000 à 463 000. L'équilibre budgétaire n'est plus assuré. La crise financière, importée de Wall Street, menace l'économie réelle. Le gouverneur de la Banque de France est congédié. Les capitaux fuient le pays. À la Chambre des députés, on cherche un homme providentiel. Alors Pierre Laval entre en scène. Auvergnat habile, l'homme à la cravate blanche sent venir son heure. Dans le pays, angoissé par la montée des périls, son pacifisme plaît. À l'étranger, il jouit d'un prestige certain. En 1931, le magazine *Time* a même fait du jeune politique français – il avait alors quarante-sept ans – son « homme de l'année ». Il n'a pas de compétences particulières en économie mais il sait s'entourer et dispose d'un solide bon sens capable de rassurer. Son discours d'investiture de juin 1935 ressemble à celui du candidat François Hollande en 2012 au Bourget. Il s'en prend à la finance, promet de faire rendre gorge aux spéculateurs responsables des malheurs d'un pays qu'il ramènera bien entendu sur la voie des équilibres et de la prospérité. Sa politique sera celle préconisée par les économistes Charles Rist et Robert Marjolin, les plus réputés de l'époque, pour qui « mieux vaut être perché sur un roc isolé dans la tempête que de dériver sur une île flottante ». Avec une équipe de jeunes technocrates, dont Pierre Dreyfus – qui deviendra plus tard le patron de la régie Renault – et Jacques Rueff – inventeur du nouveau franc en 1960 – le gouvernement Laval se lance dans un ambitieux plan de restauration des finances publiques. Le président du Conseil, qui ne peut se réfugier derrière les diktats supposés de Berlin, du FMI, de la Commission européenne ou d'une quelconque puissance étrangère doit avancer à découvert et assumer. Plutôt que d'augmenter massivement les impôts, il taillera dans les dépenses. Le 17 juillet 1935 paraît une première salve de décrets-lois. Un coup de rabot de 10 % est donné sur toutes les dépenses publiques, y compris celles des collectivités locales. Des tribunaux sont fermés, les cumuls de rémunérations proscrits, les subventions et niches fiscales supprimées, et les fonctionnaires perdent de 3 % à 10 % de leurs traitements. Habile, il veille à ce que de façon concomitante les prix des services publics et les loyers soient revus à la baisse tandis que l'assistance publique et les caisses de chômage échappent aux coups de rabot. Il prend aussi soin, pour amadouer l'opinion publique, de faire payer les riches : Il y aura une « contribution exceptionnelle » sur les hauts revenus et les valeurs mobilières. Il peut ainsi invoquer « la défense des petits et des humbles ». Oui, Pierre Laval est un malin. Ce qui n'empêche pas des manifestations violentes dans le pays. Sur les chantiers navals de Toulon on relève deux morts et des dizaines de blessés. Alors la gauche s'organise enfin. Le leader socialiste Léon Blum vante à la Chambre des députés les mérites du « New deal » de Roosevelt, une politique de relance budgétaire inspirée des travaux de John Maynard Keynes. Voilà planté le décor de l'échiquier économico-politique français. Une droite conservatrice qui se veut sérieuse au regard des équilibres budgétaires et une gauche socialiste fascinée par la relance. Et un ventre mou opportuniste qui tient la réalité du pouvoir. Car à peine le plan Laval lancé, les députés radicaux s'impatientent du peu d'effet qu'il a sur la confiance des marchés et se montrent sensibles au discours de Blum et de son modèle de « relance à l'américaine ». Laval, lui, met les bouchées doubles. Fin 1935 il a réussi sa mission : la spéculation est stoppée et le budget ramené à l'équilibre. Mais son sort politique est scellé. Alors qu'il part à une conférence internationale à Genève, le président du Conseil reçoit la lettre de démission de ses ministres radicaux qui ne veulent endosser ni la responsabilité de la mort d'émeutiers, ni la poursuite d'une politique de rigueur. Privé de majorité parlementaire, Laval quitte le pouvoir.

La France est prête au grand saut du Front populaire. Politiquement, la démarche d'austérité budgétaire de Pierre Laval aura été un échec : elle n'aura servi qu'à souder les rangs de la gauche. A-t-elle au moins eu un effet économique ? Réponse mitigée de Jacques Néré, l'historien français le plus reconnu de la crise de 1929 : « L'effort de déflation se manifeste par une compression des dépenses publiques. Mais les recettes diminuent également, et le volume comme l'importance relative demeurent sensiblement les mêmes. » Alors, les décrets-lois Laval, la politique de rigueur anti-crise, n'auraient servi à rien ? Pas tout à fait : « À la fin de 1935 on peut enregistrer certains symptômes d'amélioration économique. Mais cette reprise est trop faiblement marquée et vient trop tard. » Trop tard, en tout cas, pour Laval qui entame une traversée du désert. Il reviendra le 12 juillet 1940, dans les bagages du Maréchal Pétain. La France, ou plutôt une certaine France, est convaincue que Pétain protégera le peuple vaincu par l'Allemagne nazie. Et que l'habile et rigoureux Laval, lui, restaurera l'intendance d'un pays blessé et vaincu qui entre dans la pire période de son histoire.

Pétain et Laval iront au pire, avec la Révolution nationale, le statut des juifs et la collaboration avec l'ennemi. On est là très loin de la simple rigueur budgétaire et de l'austérité. Mais pour l'opinion française, les décrets-Laval, l'austérité, la rigueur, seront indissociablement liés aux heures les plus sombres de l'histoire du pays. Ce n'est pas comme président du Conseil de 1935 que Pierre Laval a été fusillé à la Libération, mais les hommes politiques qui se risqueront ensuite sur le terrain de sa politique économique – on pense à Antoine Pinay, Jacques Rueff, Raymond Barre, Jacques Delors ou Pierre Bérégovoy – n'auront pas accès au destin digne de leur talent d'homme d'État. Aucun d'entre eux n'accédera jamais plus au pouvoir suprême. En France, l'économie, l'intérêt général et la politique n'ont jamais fait bon ménage. Et la politique prime, quoi qu'il puisse en coûter. Surtout quand les économistes sont perdus. Car ils sont perdus. Olivier Blanchard, qui attend depuis des années son prix Nobel au siège du FMI à Washington, doit bien l'avouer : « Nous continuons de naviguer à vue, comment tout cela finira, je n'en sais vraiment trop rien. »

Index

Table des matières

CET OUVRAGE A ÉTÉ COMPOSÉ PAR NORD COMPO
POUR LE COMPTE DES ÉDITIONS J.-C. LATTÈS
ET ACHEVÉ D'IMPRIMER EN FRANCE
PAR CPI BUSSIÈRE
À SAINT-AMAND-MONTROND (CHER)
EN AOÛT 2013

PAPIER À BASE DE
FIBRES CERTIFIÉES

JC Lattès s'engage pour
l'environnement en réduisant
l'empreinte carbone de ses livres.
Celle de cet exemplaire est de :
607 g éq. CO_2
Rendez-vous sur
www.jclattes-durable.fr

N° d'édition : 01. — N° d'impression : 2003425.
Dépôt légal : septembre 2013.